鐵軍故事

山东电建一公司◎编

中国经济出版社
CHINA ECONOMIC PUBLISHING HOUSE
·北京·

图书在版编目（CIP）数据

铁军故事 / 山东电建一公司编. -- 北京 ：中国经济出版社，2024. 10. -- ISBN 978-7-5136-7912-1

Ⅰ. F426.61

中国国家版本馆 CIP 数据核字第 20240C8A52 号

策划编辑　姜　静
责任编辑　丁　楠　汪银芳
责任印制　马小宾
封面设计　任燕飞

出版发行　中国经济出版社
印 刷 者　北京富泰印刷有限责任公司
经 销 者　各地新华书店
开　　本　787mm × 1092mm　1/16
印　　张　14.5
字　　数　230 千字
版　　次　2024 年 10 月第 1 版
印　　次　2024 年 10 月第 1 次
定　　价　168.00 元
广告经营许可证　京西工商广字第 8179 号

中国经济出版社　网址 http://epc.sinopec.com/epc/　社址 北京市东城区安定门外大街 58 号　邮编 100011
本版图书如存在印装质量问题，请与本社销售中心联系调换（联系电话：010-57512564）

《铁军故事》

编委会

序　言

在文化的轴线上续写历史

古人云：源远者流长，根深者枝茂。

文化是一个国家、一个民族的灵魂。植根在中华大地的优秀企业文化，是中华优秀文化的重要组成部分，是企业员工的精神家园。作为与新中国几近同龄的电力工程企业，山东电建一公司（以下简称“一公司”）始终坚持以发展电力事业、服务经济社会为己任，与祖国同呼吸、共命运，自强不息、艰苦奋斗，创新超越、变革图强，创造了中国电力建设史上的一个个奇迹，成就了企业发展的一步步辉煌。同时，也留下了许多可歌可泣的铁军文化故事。这些文化故事，是企业发展历史长河中最闪亮的星光，是企业核心价值观里最有效的承载，是电建铁军品牌最生动的传达，需要薪火相传、代代守护，需要深度挖掘、大力弘扬。

《铁军故事》以时间为轴，按照“燃情岁月”“沐浴春风”“市场弄潮”“新时代放歌”四个篇章，对一公司70年历程中发生的35个重要事件、典型人物进行记录和讲述。

“燃情岁月”主要讲述新中国成立初期，一公司人满怀建设社会主义新中国的壮志豪情，不畏困难、艰苦奋斗，顽强拼搏、无私奉献的创业故事，其间创造一年投产“双十万”电力建设奇迹，初步形成了铁军精神，成就了电建铁军传世美名。

“沐浴春风”主要讲述改革开放后，一公司人沐浴改革开放春风，以“设备到现场，我们说了算”的社会主义主人翁责任意识，加快工程建设速度，创造了“六年投产六台三十万”电力建设新成绩。其间培育了两名全国劳动模范，成为全国电力行业的先锋和楷模。

“市场弄潮”主要讲述进入市场经济后，一公司人主动“走出去”闯市场——北上内蒙古、北京，南下福建、广西，西进新疆、宁夏；走进印度、挺进巴西，国际化、多元化发展的道路越走越阔。其间一公司一路凯歌高奏，承建的工程荣获两个国家金奖和三个鲁班奖，市场优势和品牌优势提升到一个新高度。

“新时代放歌”主要讲述进入新时代以来，一公司人坚持以习近平新时代中国特色社会主义思想为指导，锚定高质量发展目标，推进企业发展质量变革、效率变革和动力变革，企业转型和集团化发展不断迈出新步伐、获得新成就，始终保持强劲的发展势头，以实际行动践行央企的使命与担当。

能看到多远的过去，就能看到多远的未来。本书的故事在历史烟云里铭刻辉煌的过去，在世代传承下见证精彩的现在，更在历久弥新中孕育美好的未来。学好、用好《铁军故事》，对我们进一步读懂新中国史、读懂企业发展史、读懂铁军文化内核，传承弘扬铁军精神，赓续红色精神血脉，彰显铁军时代价值，凝聚奋进新征程强大力量，具有重要意义。

对历史最好的继承，就是创造新的历史。面对百年未有之大变局，在新时代新征程上，我们要从铁军故事里汲取智慧和力量，不断激发铁军文化创新创造活力，在实践创造中进行文化创新创造，在历史进步中实现企业进步，在文化的轴线上续写新的历史、赓续文脉、谱写华章，增强实现公司高质量发展的精神力量，让铁军文化之轴继续变长、持续延伸。

是为序。

张洪梅

2024 年 9 月

目录

CONTENTS

壹·燃情岁月

贰·沐浴春风

叁·市场弄潮

肆·新时代放歌

壹

燃情岁月

新中国成立初期，一公司人满怀建设社会主义新中国壮志豪情，不畏困难、艰苦创业，顽强拼搏、无私奉献，其间创造一年投产“双十万”的电力建设奇迹，初步形成了铁军精神，成就了电建铁军传世美名。

八百江南儿女进山东

一个人“从哪里来、到哪里去”是哲学上的终极永恒命题。同样，对一个企业来说，“我们从哪里来”也要心怀追问意识。

水有源头树有根，那么山东电建一公司的“源”和“根”又有着怎样的故事呢？

庆祝黄台电厂投产发电暨欢迎苏联专家留念（1960年）

新中国的电力工业是在传承新中国成立前的“中共中央燃料工业处”的基础上起步的。新中国成立后，在燃料工业处的基础上，组建了燃料工业部，管理全国的煤炭、石油和电力工业。但在燃料工业部组建初期，其直接领导的仅有部分地区的电力工业，大部分电力工业囿于新中国成立初期的特定历史条件均由各地军事管理委员会领导和管理。

据《上海电力工业志》记载，1950 年 2 月 6 日，美制国民党飞机轮番轰炸上海各电厂，妄图使上海陷入一片黑暗。上海市人民政府及时组织力量突击抢修，市长陈毅亲临现场慰问、视察，群情激昂。电厂职工仅用 42 小时就使一台机组载荷发电，输煤皮带未能及时修复，大家就肩挑人抬给锅炉上煤。

1952 年 4 月 1 日，为统一管理华东地区电力工业，受华东军政委员会工业部和燃料工业部电业管理总局领导的华东电业管理局在上海成立，管辖南京、苏南、淮南、徐州、青岛、鲁中 6 个地区的电业局。同年 11 月，成立华东电业管理局修建工程局筹备委员会。

1953 年 1 月 21 日，华东电业修建工程局正式成立，由华东电业管理局领导，下设 8 个工程队（后易名为工程处）。其中，第一、第二工程队为机炉安装工程队；第三、第四工程队为线路施工工程队；第五、第六、第七、第八工程队为建筑工程队。工程队的主要任务是加快老机组修复改造，挖掘生产潜力，承接第一个五年计划期间的发电机组扩建和供电线路建设。同年 5 月，华东电业修建工程局第四工程队派遣 200 多名职工到淄博洪山煤矿自备电厂，参加 8 兆瓦机组的修复工作。第四工程队经过调整合并，易名为第二工程队，随即参加闸北电厂建设。

1955 年 5 月，华东电业修建工程局改称电力工业部上海基本建设局，由电力工业部基本建设总局领导，管辖上海、江苏、浙江、安徽、山东、江西、福建 7 个省市的火力发电厂和输变电线路建设，下设 8 个工程处，其中电力建筑工程处 3 个、电力安装工程处 3 个、输变电线路工程处 2 个。

1956 年 1 月 1 日，按照全国统一电力施工工程处编号，上海基本建设局将下属工程处改编为第二十一、第二十二、第二十三、第二十四共 4 个建筑安装综合工程处。其中，第二十二工程处下属上海闸北、山东南定两个工地。同年 2 月 20 日，南定电厂一期工程开工，4 月，闸北电厂工程施工结束逐步撤编，工程处主力迁至南定工地。

上海闸北电厂（1955 年）

山东南定电厂（1956 年）

早在1955年8月，就有500余名职工陆续从上海、无锡调至南定工地，开始临建施工，年底职工人数达到804人。新中国成立初期，各种物资十分匮乏，施工条件非常艰苦，这支从南方开进的队伍，住的是临时工棚和简易民房，睡的是竹床竹榻，他们天寒地冻不怕难，砾石坚硬不惧险，硬是完成了土建任务，为设备安装奠定了坚实基础。"八百江南儿女进山东"的说法，就是从这时开始的。

1956年，第二十二工程处又在上海招收了1000余名技工和社会青年，职工人数增加到1885人。南定电厂史志中有这样的记录：

承担扩建任务的上海基本建设局第二十二工程处（山东电建一公司前身）近2000人浩浩荡荡开进了工地。为保证2号凉水塔混凝土不出问题，他们跑遍了100多里的淄河滩选砂石，走遍了附近的青石山挑石子。为了使水塔围沿不渗漏，他们用三种不同类型的水泥做实验。土木连的职工也是好样的，没有施工图纸，他们就去徐州、奔莱芜，借来了图纸；没有起吊设备，他们四处打听，最终在钢铁厂的废料堆里发现了塔帽，配以自己设计的吊臂、基座，组成了一个完整的塔吊；历经两年零三个月，2号凉水塔终于矗立在人们面前。

1957年5月，上海基本建设局第二十二工程处成立青岛工地，承建青岛发电厂三炉两机扩建任务。同年12月28日，第二十二工程处改名为电力工业部上海基本建设局第二十二基本建设工程处。

1958年，全国进入"大跃进"时期。青岛工地的职工热情高涨，大家不讲劳动报酬、不计工作时间、不分昼夜加班加点，一心想的就是发电，有的职工一天连续工作十七八个小时，有的职工不完成任务不下"火线"，有的职工带病带伤坚持工作，出现了"吃饭要人劝、睡觉要领导下命令、休息要班长动员"的动人场面。涌现了钢筋、木工、炉瓦青年突击队等大批先进集体。莫春金同志代表钢筋青年突击队出席了全国青年社会主义分子会议，并受到集体奖励。

1958年7月1日，上海基本建设局第二十二基本建设工程处下放至山东省电力工业局领导；同年12月16日，改名为山东省电力工业局基本建设公司第一工程处，这支队伍正式划归山东省电力工业局领导，从此开启了转战齐鲁大地的创业历程。

黄台电厂一期工程开工后，广大职工在“快速施工”的号召下，以各班组为单位开展劳动竞赛，大搞技术革新和技术表演，争分夺秒，忘我劳动。1959 年 11 月 4 日，《大众日报》刊载了一首诗，生动描述了当时的劳动场景。

捷报频传
奇迹蜂拥出现
千千万万
这可忙坏了宣传员
广播筒里不住喊
英雄榜上把名填
大字报墨未干
她又站在黑板前

电厂开工建设场景

从 1960 年开始，因口粮不足、生活困难，公司党委领导职工决定开展增产节约和生产自救。仅 1961 年在淄博、济南两地就种植土地 755 亩，收获粮食 43000 多斤、素菜 300000 多斤、胡萝卜 188000 斤，有效保证了全公司的粮食供应。

艰难困苦，玉汝于成。这支与新中国同龄的电建铁军，自诞生之日起就听从党的指挥、服务组织的召唤，与祖国同呼吸、共命运，不畏困难、勇于担当、拼搏奉献、奋发作为，走出一条由小到大、由弱变强的创业发展之路，在攻坚克难、接续奋斗中成就着一个又一个辉煌。

（内容来源：《中国电力工业志》《上海电力工业志》《南定电厂史志》《山东电建一公司史志》；故事整理：刘学良）

胡根涛：他受到毛主席接见

70 多岁的胡盈国先生家里珍藏着一张老照片。胡先生说，其父亲胡根涛一生的自豪、荣光和骄傲全在里面了。

60 多年后，我们有幸见到了这张当年代表荣耀和奉献的老照片，遗憾的是这张照片已经模糊破损得非常严重。

这是一张长 1 米、高 20 厘米左右的长幅集体照片，题字显示照片为“1956 年 4 月 25 日领导接见全国电力工业先进生产者合影”。照片上布满裂痕，多处画面信息断裂丢失，两端褪色且对比度下降。

胡先生告诉我们，照片是其父亲参加全国电力工业先进生产者会议时的合影，对于父亲和家人来说特别重要。60 多年来，保存特别不容易，涂掉了其中两位重要人物的脸部才留存到今天。

胡先生说，其父亲从北京回来后，便把照片放进了床头的箱子里，并在箱子上挂了一把大锁，从不示人。但胡先生趁父亲不在家的时候，曾偷偷拿出照片来看，照片上人挨人。他找了几次，一双眼睛瞪出了眼泪，也无法从几百人中找到自己的父亲。胡先生说，只有父亲知道自己站在哪个位置。

胡根涛参加的会议，就是著名的 1956 年春天召开的万人大会。当时，胡根涛所在的炉瓦班被水利电力部授予了全国电力系统先进集体称号，胡根涛是班长。1956 年春，数万名全国各行业先进生产者代表来到北京参加会议，总结交流先进经验，并推选行业排头兵出席全国先进生产者代表会议。查阅有关资料得知，从全国电力系统中评选出来的 434 名先进生产者代表也参加了这次会议，4 月 25 日下午，领导接见了参会的全国电力工业先进生产者代表并合影留念，因此留下了珍贵的照片。

胡先生说，这是其父亲仅有的一项荣誉。父亲总是把荣誉留给别人，把艰苦和困难留给自己。当然，那时候不光自己的父亲是这样，别人的父亲也是这样。

一辈人有一辈人的情怀。

胡先生说，其父亲从北京回来后，一直奋斗在一线。10 年后，其父亲走上了公司的领导岗位，还参加了党的第十届全国代表大会。

胡根涛工作照（二排右一）

胡先生说，其父亲从北京回来的那天中午，吃完午饭，自己就跟弟弟在厂生活区大门口等着。父亲往返一共 5 天，坐火车去，坐火车回来，回来时应该是下午。当时自己才 6 岁，天天盼着父亲回来，盼着父亲能和其他小朋友的父亲一样，带回一包糖，或是一包饼干，哪怕两个苹果也行。可是等到太阳落山，也没见父亲的影儿。母亲几次催自己和弟弟回家吃饭，自己和弟弟都谎称不饿，固执地守在门口。胡先生说，其实自己肚子早饿得咕咕叫了，只是为了等父亲回来带好吃的给他们解解馋，可一直等到满天繁星，也没见父亲回来。其间，公司也有几个人在门口等着，说是等其父亲回来后到工地招待所庆功。可是左等不来，右等不见，他们便回家了。后来，自己和弟弟都困得睁不开眼睛了，只好不情愿地回家了。

第二天早晨睁开眼，胡先生和弟弟依然没有见到父亲的身影，便问母亲："爸爸回来了吗？"母亲说："昨天太阳还没落山你爸就下火车了，他见天还早，就直接去工地抢工程去了，回来时都 12 点多了。早晨天一亮，你们两个都还没醒，你爸吃了口饭就又去工地了。"弟弟问："爸爸给我们带好吃的没有？"胡先生一把拿起父亲放在桌上的包，里面除了几件换洗的衣服，就是张卷成筒的照片了。没想到，盼了好几天，什么好吃的也没盼来，胡先生和弟弟一起号啕大哭起来。母亲赶忙安慰道："莫哭，莫哭，我给你们煮鸡蛋吃，每人两个。"两人这才止住了哭。

胡根涛参加党的第十一次全国代表大会归来

胡先生说，在其父亲的眼里，只有工作。

1956 年，国产第一台 6000 千瓦火电机组在淮南电厂投产，我国终于可以自己制造火电设备了。

1977 年，胡根涛作为党的十一大代表出席了全国代表大会。

我国第一台 6000 千瓦火电机组在安徽淮南建成投产

（内容来源：《山东电建一公司史志》；故事整理：葛连勇）

援外功臣钱金银

在山东电建一公司发展历程室里，保存着一枚由时任越南主席胡志明颁发的劳动勋章，虽经历岁月，但文字依然清晰可见。

这枚勋章是怎么来的呢，勋章获得者又有着怎样的故事呢？

越南民主共和
獨立－自由－幸福

越南民主共和國政府

授予 錢金銀同志

在越南工作的中國專家

友誼徽章

感謝您在越南民主共和國社會主義建設事業中給予我們兄弟般的熱情幫助

政府總理

榮譽簿編號第1018號

1962年10月22日

河內 1962年10月22日

越南政府授予钱金银援越友谊徽章　　时任越南主席胡志明颁发给钱金银的劳动勋章

笔者经多方走访，查阅大量资料后，终于厘清了这枚奖章的来龙去脉。

这枚奖章的获得者是一位叫钱金银的职工。

钱金银，1929年4月出生，江苏高邮人，1952年在上海闸北电厂参加工作，后来到山东参加南定电厂建设，接着又参加了济南黄台电厂建设，就这样他在山东扎下了根。

钱金银在施工现场

钱金银干的是起重工，在当时这是正儿八经的技术活。新中国成立初期，我国电力工程企业装备还很落后，仅有的几台吊车都是公司的“宝贝”，起重工不仅负责大件吊装指挥，既要提高劳动效率，还要保障机械设备的安全。钱金银当时年轻，干活不惜力气，头脑灵活，工作踏实又认真，很快就在同行中脱颖而出，在起架队有了一定的名气。1959 年，国家选派专家到越南支援工作，钱金银自然就成了其中的一员。

1950 年，新中国就开始援助越南民主共和国（北越）。据有关资料记载，1950—1978 年，我国向越南提供的军事、经济和自由外汇的援助总额达 203 亿美元，其中无偿援助占 93%，低息或无息贷款占 7%。

《上海地方志》国际经济援助部分的第一章第一节就记录了这段历史。上海承担的第一个援越项目是 1955 年筹建越南统一火柴厂。此后至 1963 年，上海的援越项目共计 22 个。1964 年以后，我国对外援助扩大，至 1978 年，上海又承担援越项目 109 个。上海援越项目前后共计 131 个，涉及轻工、纺织、电力、化工、医药 5 个行业，其中电力项目有 4 个（3 个电厂和 1 个输电线路）；前后共向越南派出专家和技术人员 1963 人。

越池发电厂是我国援助越南建设的 3 座发电厂之一，水利电力部将其交由上海华东电业管理局筹建并负责生产技术指导。该发电厂 1958 年 5 月完成施工设计，1958 年 12 月土建开工，1959 年 7 月安装，1962 年 8 月竣工投产，先后有 77 名上海专家陆续赴越指导。发电厂投产后，运行正常，电能质量好，发电成本低。我国所供应的 4 台 30 吨 / 时锅炉煤种适应性强，试烧煤屑成功，每年可节约燃煤成本 100 万越南盾，并可省出好煤约 4 万吨供越方出口创汇。

太原发电厂由上海华东电业管理局筹建、华东电力设计院设计，1959 年 7 月土建施工，1961 年 3 月第一台炉安装，1962 年 3 月第一台机组试转发电，1963 年 12 月竣工投产。我国先后派出考察 7 人、土建 20 人、安装 32 人、试生产 10 人。投产后越方满意地评价：该发电厂运行安全系数高，机组效率好；车间宽敞，光线好、通风好；注重机械化，劳动强度低；布置合理，外形美观。

北江热电厂又称北江氮肥厂自备热电厂，为氮肥厂供应电力、煤、蒸汽和化学水，系援越三电厂之一。由上海华东电业管理局筹建、华北电力设计院设计，1960 年 3 月起建设，1963 年 1 月起安装，1965 年 6 月 15 日投产。我国先后派出考察 5 人、土建 4 人、安装 16 人、试生产 5 人。

截至 1964 年 3 月，3 座发电厂增加的发电能力达 5.2 万千瓦，是越南北方解放前发电量的 71%。项目建设正值我国三年困难时期，越南重工业部副部长丁德善说："中国这种援助，真是无私的国际主义援助。"

在越南电站和输电线路工作的上海专家们，带干粮，住草棚，吃住在现场，为越南培训各类电务技工 950 余人。越南政府于 1963—1964 年先后授予我国专家劳动勋章 16 枚（一级 1 枚、二级 3 枚、三级 12 枚），其中 1 枚就由钱金银获得。

钱金银的长子钱士标回忆，由于钱金银在越南的工作表现特别突出，时任越南国家主席胡志明、总理范文同先后接见了他，并先后授予他越南国家勋章、国家奖章、援越友谊徽章、劳动勋章等。

1964 年，钱金银获得水利电力部颁发的出国援外人员一等奖。同年，又被水利电力部任命为负责东南亚国家发电厂建设的专家组成员。

1966 年 6 月，钱金银以专家组组长身份被派往缅甸参加雪当纸厂自备电厂建设。然而，通过军事政变上台的奈温军政府推行"缅甸式社会主义"政策，不断膨胀的缅甸极端民族主义大肆反华排华，电厂建设无法正常推进。当时身处异国他乡的钱金银在我国大使馆的支持下与缅甸反华军政府进行坚决斗争，誓死保卫毛主席画像和五星红旗。

钱金银在援越施工现场

艰苦的斗争持续 3 个多月，后经国务院批准决定撤回专家组成员。

钱士标回忆，得知专家组成员安全撤回国内，周恩来总理在百忙之中乘专机飞往昆明迎接。钱金银双手捧着毛主席画像和五星红旗走下舷梯。

1966 年 12 月 30 日，毛主席等党和国家领导人在北京接见了专家组成员，称赞他们是“中国红色专家”。

1967—1969 年，钱金银连续三次受邀到北京参加国庆观礼。1969 年，钱金银被邀请入住中南海国宾馆，参加了周恩来总理举办的国庆招待会，并在 10 月 1 日与毛主席等党和国家领导人登上天安门城楼共同庆祝新中国 20 岁华诞。

1970 年，在山东电建一公司白杨河电厂（代号 370）施工期间，钱金银由于表现优异，在淄博市人民代表大会上被推荐为第四届全国人民代表大会候选人。同年 12 月，钱金银光荣加入中国共产党。

1975—1978 年，钱金银再次被派遣到越南参加北江电厂战后修复，这段历史在《上海地方志》中也有记录。

钱金银历任山东电建一公司施工科协理员、起架队队长、革委会副主任、党委委员等职务，直到 2015 年 3 月去世，他一直享受着全国劳动模范待遇。

忠诚于党、忠诚于祖国、忠诚于电建事业，虽历经漂泊却矢志不渝，一生勤勤恳恳、兢兢业业，这就是老一辈电建人的精彩人生。

（内容来源：《上海地方志》《上海电力工业志》《山东电建一公司史志》；故事整理：刘学良）

电建铁人刘光富

大家都知道，20 世纪五六十年代石油行业有一个铁人叫王进喜。在我们电建行业，也有一个响当当的铁人，他就是刘光富。

全国电业劳模刘光富工作照

刘光富获得过全国电业劳动模范光荣称号，出席过全国工业学大庆会议。他的事迹曾登上《人民日报》《工人日报》与《大众日报》。

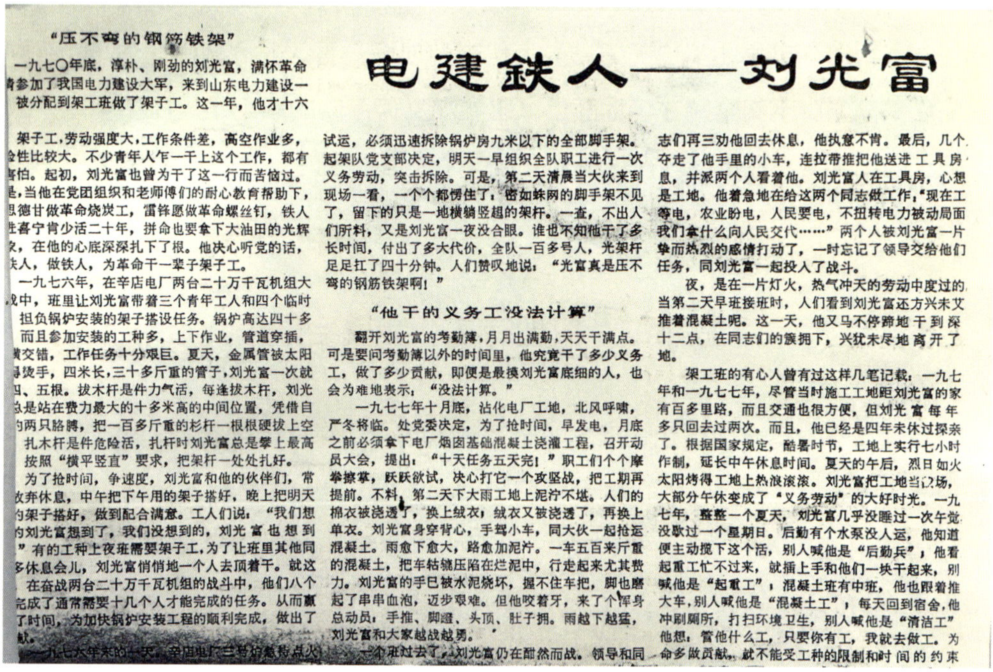

电建铁人——刘光富

“压不弯的钢筋铁架”

一九七〇年底，淳朴、刚劲的刘光富，满怀革命
青参加了我国电力建设大军，来到山东电力建设一
被分配到架工班做了架子工。这一年，他才十六

架子工，劳动强度大，工作条件差，高空作业多，
险性比较大。不少青年人乍一干上这个工作，都有
害怕。起初，刘光富也曾为干了这一行而苦恼过。
是，当他在党团组织和老师傅们的耐心教育帮助下，
思德甘做革命烧炭工，雷锋愿做革命螺丝钉，铁人
牲喜宁肯少活二十年，拼命也要拿下大油田的光辉
象，在他的心底深深扎下了根。他决心听党的话，
铁人，做铁人，为革命干一辈子架子工。

一九七六年，在辛店电厂两台二十万千瓦机组大
战中，班里让刘光富带着三个青年工人和四个临时
担负锅炉安装的架子搭设任务。锅炉高达四十多
而且参加安装的工种多，上下作业，管道穿插，
横交错，工作任务十分艰巨。夏天，金属管被太阳
得烫手，四米长，三十多斤重的管子，刘光富一次就
四、五根。拔木杆是件力气活，每逢拔木杆，刘光
总是站在费力最大的十多米高的中间位置，凭借自
的两只胳膊，把一百多斤重的杉杆一根根硬拔上空
扎木杆是件危险活，扎杆时刘光富总是攀上最高
按照“横平竖直”要求，把架杆一处处扎好。

为了抢时间，争速度，刘光富和他的伙伴们，常
放弃休息，中午把下午用的架子搭好，晚上把明天
的架子搭好，做到配合满意。工人们说：“我们想
的刘光富想到了，我们没想到的，刘光富也想到
。”有的工种上夜班需要架子工，为了让班里其他同
多休息会儿，刘光富悄悄地一个人去顶着干。就这
在奋战两台二十万千瓦机组的战斗中，他们八个
完成了通常需要十几个人才能完成的任务。从而赢
了时间，为加快锅炉安装工程的顺利完成，做出了
献。

一九七六年末的一天，辛店电厂三号炉急待点火试运，必须迅速拆除锅炉房九米以下的全部脚手架。起架队党支部决定，明天一早组织全队职工进行一次义务劳动，突击拆除。可是，第二天清晨当大伙来到现场一看，一个个都愣住了：密如蛛网的脚手架不见了，留下的只是一地横躺竖趄的架杆。一查，不出人们所料，又是刘光富一夜没合眼。谁也不知他干了多长时间，付出了多大代价，全队一百多号人，光架杆足足扛了四十分钟。人们赞叹地说：“光富真是压不弯的钢筋铁架啊！”

“他干的义务工没法计算”

翻开刘光富的考勤簿，月月出满勤，天天干满点。可是要问考勤簿以外的时间里，他究竟干了多少义务工，做了多少贡献，即便是最摸刘光富底细的人，也会为难地表示：“没法计算。”

一九七七年十月底，沾化电厂工地，北风呼啸，严冬将临。处党委决定，为了抢时间，早发电，月底之前必须拿下电厂烟囱基础混凝土浇灌工程，召开动员大会，提出：“十天任务五天完！”职工们个个摩拳擦掌，跃跃欲试，决心打它一个攻坚战，把工期再提前。不料，第二天下大雨工地上泥泞不堪。人们的棉衣被浇透了，换上绒衣；绒衣又被浇透了，再换上单衣。刘光富身穿背心，手驾小车，同大伙一起抢运混凝土。雨愈下愈大，路愈加泥泞。一车五百来斤重的混凝土，把车轱辘压陷在烂泥中，行走起来尤其费力。刘光富的手已被水泥烧坏，握不住车把，脚也磨起了串串血泡，迈步艰难。但他咬着牙，来了个浑身总动员：手推、脚蹬、头顶、肚子拥。雨越下越猛，刘光富和大家越战越勇。

一个班过去了，刘光富仍在酣然而战。领导和同志们再三劝他回去休息，他执意不肯。最后，几个夺走了他手里的小车，连拉带推把他送进工具房息，并派两个人看着他。刘光富人在工具房，心想是工地。他着急地在给这两个同志做工作：“现在工等电，农业盼电，人民要电，不扭转电力被动局面我们拿什么向人民交代……”两个人被刘光富一片挚而热烈的感情打动了，一时忘记了领导交给他们任务，同刘光富一起投入了战斗。

夜，是在一片灯火，热气冲天的劳动中度过的当第二天早班接班时，人们看到刘光富还方兴未艾推着混凝土呢。这一天，他又马不停蹄地干到深十二点，在同志们的簇拥下，兴犹未尽地离开了地。

架工班的有心人曾有过这样几笔记载：一九七年和一九七七年，尽管当时施工工地距刘光富的家有百多里路，而且交通也很方便，但刘光富每年多只回去过两次。而且，他已经是四年未休过探亲了。根据国家规定，酷暑时节，工地上实行七小时作制，延长中午休息时间。夏天的午后，烈日如火太阳烤得工地上热浪滚滚。刘光富把工地当[illegible]场，大部分午休变成了“义务劳动”的大好时光。一九七年，整整一个夏天，刘光富几乎没睡过一次午觉没歇过一个星期日。后勤有个水泵没人运，他知道便主动揽下这个活，别人喊他是“后勤兵”；他看起重工忙不过来，就插上手和他们一块干起来，别喊他是“起重工”；混凝土班有中班，他也跟着推大车，别人喊他是“混凝土工”；每天回到宿舍，他冲刷厕所，打扫环境卫生，别人喊他是“清洁工”他想：管他什么工，只要你有工，我就去做工。为命多做贡献，就不能受工种的限制和时间的约束

《工人日报》对刘光富进行专门报道

1970 年，初中毕业的刘光富来到山东电建一公司工作，成为一名架子工。在电力基建行业，有这样一句顺口溜：“架子工、架子工，扛杆子、爬高空。”

在那个年代，不要说大型起重设备，就是小型的也很稀少。从百米多高的烟囱，到几十米高的水塔、厂房，都需要搭架子配合，是电力建设中典型的险、苦、脏、累的活儿。刘光富就是在这样的工作岗位上，做出了铁人般的成绩。

故事一：都是他一个人干的

刘光富干活有股子拼劲，30 多斤重的金属管子，别人一次扛两三根，他一次扛四五根；七八十斤重的杉杆，别人扛一根，他扛两根。绑架子时，在中间拔杆

子最累，但刘光富总是抢着站在中间位置，一干就是几个小时。

1976 年底的一天，辛店电厂 2 号机组马上就要点火试运行。此时，锅炉房 9 米以下的脚手架还没有拆除。领导们研究决定，第二天一早组织一次职工义务劳动，突击拆除。可是，第二天清晨当大伙来到现场一看，一个个都愣住了：锅炉房密如蛛网的脚手架全躺在了地面上。来参加义务劳动的职工足足扛了 40 分钟，才把这些脚手架清理出现场。这是刘光富一个人拆下来的！是的，只有他一个人。人们无不赞叹："光富真是铁人啊！"

故事二：只要有工，我就会做

刘光富心中有一个坚定的信念：干活越多，心和党就贴得越紧。有一次，他在拆脚手架时，一个 4 寸的朝天钉扎进了他脚心，鲜血浸透了鞋帮。同事们催他去医务室包扎，他却不以为然。第二天，他脚肿得连穿鞋都很困难，脚一落地就像针扎一样痛。从宿舍到工地半里多路，他走了几十分钟。同事们看他这个样子还来上班，坚决不许他干活。他说："王铁人拖着伤腿扶刹把、跳泥浆池，我这点小伤算啥。"在脚伤的 20 多天里，刘光富仍然天天和大家一起劳动。

1977 年的夏天，烈日如火、热浪滚滚。为了避暑，公司延长了午休时间。刘光富却把午休当成了义务劳动时间。后勤有个水泵没人运，他知道后便主动揽下这活，有人喊他是后勤工；他看起重工在加班，便加入和他们一起干起来，有人喊他是起重工；混凝土班上有中班，他也跟着推大车，有人喊他是混凝土工；每天回到宿舍，他冲刷厕所，打扫卫生，有人喊他是清洁工。他说："喊什么工都行，只要有工，我就会做。"

8 年多来，刘光富月月出满勤，天天干满点，从来没有迟到早退过。仅 1976—1978 年的 3 年时间，他在 8 小时工作以外多干了 400 多个工作日。

1979 年被评为全国电力工业劳动模范和山东省劳模的刘光富与同事合影（右一）

故事三：只有坚持战斗在工作岗位上，才是最大的乐趣和幸福

刘光富虽被称作“铁人”，可他毕竟也是肉长的。多年的超负荷工作，让他的身体严重透支，积劳成疾，有几次他头痛病严重发作，呕吐不止，还伴有高烧。有一次，他在干活时犯了病，同事把他背到医务室。医生给他打了一支镇静的针，要他躺着休息。可是，他趁医生不在时又悄悄地回到工地。人们见了他都说：“刘光富真是个干工作舍得拼命、挑重担压不塌肩的铁汉子。”

刘光富就是用这种精神，把分分秒秒的时间都用在工作上。1977 年 7 月，刘光富病了，领导把他送到济南检查治疗。他住在招待所里，翻来覆去睡不着。他觉得一个工人只有坚持战斗在工作岗位上，才是最大的乐趣和幸福。他发现招待所附近就是公司的混凝土预制件厂，于是每天去医院看病后就到工厂干活。当人们知道他是来治病的病人时，说什么也不让他干了。刘光富再三解释：“我这点病没有事，干点活、出身汗更舒坦。”就这样，他在济南看病的半个月，有空就去找活干，一天也没闲着。

（内容来源：《大众日报》；作者：鞠茂勤、韩盛洪；故事整理：葛连勇）

别人大乱我大干

要把被"四人帮"糟踏破坏的我们党的优良学风和文风恢复起来。

华国锋主席在第二次全国农业学大寨会议上的讲话

1977年3月10日 星期四 第二版　　大众日报

培养"铁人"式队伍 加快电力工业建设

中共山东电力建设第一工程处委员会

在毛主席无产阶级革命路线的指引下，我们坚持以阶级斗争为纲，认真贯彻"鞍钢宪法"，深入开展工业学大庆运动，促进电力建设多快好省地向前发展，机组越装越大，速度越装越快，质量越装越好，投资越装越省，队伍越战越强。十年来，新建、扩建大中型火力发电厂四座，安装发电机组十一台，总容量相当于文化大革命前我处装机容量的四点二倍。近三年来，比国家计划多装机三十万瓩。在我们负责安装的三台国产十二万五千瓩双水内冷新型机组中，第一台用了十八个月，第二台用了九个月，第三台只用了四个半月。一九七四年，在批林批孔运动的推动下，我们在辛店电厂开创了一年安装两台十万瓩发电机组的新纪录。特别是一九七六年，在两个伟大历史性胜利的巨大鼓舞下，攀登了一年时间建成两台二十万瓩发电机组的新高峰。近六年来，全员劳动生产率以每年递增百分之八的速度稳步增长，工程成本逐年下降，六年为国家节约建设资金六百二十万元。广大职工坚持学"铁人"精神，走大庆道路，为实现伟大领袖毛主席提出的、敬爱的周总理在四届人大宣布的"四个现代化"的宏伟目标做出了贡献。

一九七四年，我处担负建设两台苏修进口的十万瓩机组的任务。当时，苏修无理刁难我们。文化大革命前，我们安装过苏修设备，对苏修撕毁合同、撤退专家给我们电力建设造成的损失记忆犹新，广大职工早就憋着一肚子气。我们把苏修的祸心向广大职工讲透，发动群众坚决和苏修斗，决心在一年内完成这两台十万瓩机组的安装任务，为毛主席争气，为社会主义祖国争光。就在我们大干的时候，"四人帮"疯狂叫嚷"不为错误路线生产"、"拖住生产就是胜利"。面对这股妖风，我们坚持学习毛主席、党中央的指示，学习大庆经验，大讲大干社会主义光荣，不上班，不[illegible]动可耻，坚持大学大批促大干，不管干扰多大，革命不停，生产不停。九月底，胜利完成第一台十万瓩机组的安装任务，一次启动成功。但是开始安装第二台时，到年底不到一百天了，还能不能上去？有的说："[illegible]是一个月顶三个月也不行。"有的说，"光是把管道、阀门搬到现场对对号，也得一个月。"我们组织工人代表和中层以上干部办了五天学习班，学习毛主席有关指示并在全处大讲我们的有利条件，批判苏修掐我们脖子的祸心，批判林彪反党集团破坏干扰电力建设的罪行，从而，极大地鼓舞了广大职工的革命干劲，结果整套机组安装只用了九十八天就胜利完成了，比第一台十万瓩机组缩短工期一半。广大职工以抓革命，促生产的实际行动，给了苏修和"四人帮"一记响亮的耳光。

随着电力建设的发展，我们这支队伍形成了一个优良传统，就是敢于主动给自己加压力，拼死拚活也要完成国家计划。一九七六年，国家原来安排我们建设一台二十万瓩的机组，唐山、丰南强烈地震发生以后，广大职工提出："灾区损失我们补，国家困难我们担"！广大职工为了给国家减轻压力，主动给自己增加压力，要求当年再装一台二十万瓩机组，我们的决心得到了上级的大力支持。但是，一年装机四十万瓩，困难确实不少。为了统一思想，我们向全体职工大讲了毛主席、华总理对灾区人民的关怀，大讲了唐山人民抗震救灾的英雄事迹，开展了"事事想唐山人民，一举一动学习唐山人民，遇到困难比比唐山人民"的活动。我们算了一笔账，讲给全体职工听："一台二十万瓩机组，一天可以发电四十多万度，可供炼钢五千吨，采煤二十万吨，织布两千万米，增加社会产值七百万元。我们多装一台机，早发一天电，就是对国家多做一分贡献。"起架队的工人们做到两个人的工作一人担，争分夺秒，大干苦干。有一天，风雨交加，雨大下，人大干，甩掉雨衣拚命干，大雨下了十七个小时，他们大干了十七个小时，终于胜利完成了吊装任务。伟大领袖毛主席逝世的噩耗传来后，建塔工人把无限的悲痛化为巨大的力量。他们一人顶两人，一天顶两天，早上三点半起床，手打电筒，头顶星星，爬上高空大干，太阳下山人不离塔。三百名新老工人把泪水化汗水，誓言变行动，争分夺秒，水塔浇制由一天一节提高到两天三节，只用了一百零六天就胜利地完成了建塔任务，工程量比第一座水塔多一半，而工期还缩短了二十七天。打倒"四人帮"，思想大解放，精神变物质，工程节节上。以英明领袖华主席为首的党中央，一举粉碎了祸国殃民的"四人帮"，广大干部群众心花怒放，斗志昂扬，社会主义积极性空前高涨，决心以一年拿下两个二十万瓩机组的实际行动，热烈庆祝两个历史性的伟大胜利。一九七六年十二月二十七日，关键设备发电机静子才运到专用线上，当时正是数九寒天，气温降到零下十五度，广大职工坚定地表示："天大寒，人大干！困难面前有我们，我们面前无困难，拚命也要拿下四十万！"他们把棉衣一扔，甩开膀子就大干起来。这台静子机是个重达一百六十八吨的庞然大物，起重工人硬是用撬棍撬、滚杠滚，把它从专用线拖到了厂房。经过艰苦奋战，终于提前完成了全部安装任务，机组一次启动成功，实现了广大职工的雄心壮志。

在大打电力建设硬仗中，我们学习铁人"宁可少活二十年，拚命也要拿下大油田"的雄伟气魄，培育了广大职工敢于向一切艰难险阻冲锋、敢打硬拚的革命精神，涌现出了许多先进人物和先进事迹。起架队的青年突击队指导员、共产党员韩发强，为抢救阶级兄弟脚骨被砸碎。碎骨还未取出，伤口还在发炎，为了把唐山地震造成的损失夺回来，学习唐山人民"[illegible]大震，人大干"的革命精神，他带领三名工人登上二百一十米高的烟囱，拆除滑模支架。天气骤变，电闪雷鸣，严重威胁生命安全，他们仍继续坚持战斗在高空。参加烟囱施工的工人，就是以这种敢打硬仗、恶仗的精神，在高空艰苦奋斗三个多月，胜利地完成了任务。辛店工地两座五千立方大油罐施工，任务急，时间紧，正是七月大热天，太阳晒，焊枪烤，罐内温度高达五十六度，焊接工人坚持苦战了二十多天，保质保量地提前完成了任务。全处标兵、电焊班长曹友昌，哪里困难哪里干，白天干了晚上干，一年干了四百五十多个工作日。群众说："地球转一圈，他转一圈半！"我们就是抓住这些典型，总结经验，广树标兵，有力地推动了工业学大庆运动的深入发展。

1977年3月10日《大众日报》刊登中共山东电力建设第一工程处委员会署名文章

历时10年的"文化大革命"严重影响了我国电力工业的发展。山东电建一公司干部职工努力排除干扰，依旧坚守工作岗位，忠于职守，辛勤工作，千方百计推进白杨河电厂、莱芜电厂和辛店电厂建设，在逆境中艰难前进，创造了全国电力建设新纪录。

山东电建一公司干部职工组织政治理论学习

白杨河电厂筹建于我国“三年困难时期”结束后，国民经济经过调整，工农业生产迅速发展，鲁中地区有色金属、石油、化工、煤炭等工业发展势头迅猛，出现了用电负荷骤增、工农业生产严重缺电的局面。

1964 年 5 月、1965 年 4 月，山东电管局和华东电力设计院先后两次召开电力规划会议，确定扩建博山电厂，以缓解山东用电的紧张局面。国家计委于 1965 年 11 月 23 日批准该项工程设计任务书，同意博山电厂扩建，一期工程容量为 10 万千瓦，工程代号为“370”。

白杨河电厂一期工程是在 1966 年 8 月 15 日破土动工的，这时“文化大革命”已经在全国城乡展开。

为抢工期，电力职工义务拉电缆

“文化大革命”最初的3年，山东电力建设第一工程处（后改名为山东电力建设第一工程公司）党委被“踢开”，正常的生产指挥系统被打乱，严重影响了工程施工，致使生产长期处于停工和半停工状态。白杨河电厂一号机组成为那个年月的“难产儿”。

在“斗争哲学”的错误指导下，一号机组施工极为缓慢，直至1969年8月27日，“370”工地实行军管后，混乱局面才渐趋稳定，生产形势有所好转。1969年12月6日，历时数年，其间颇多磨难的一号机组终于投产发电。一号机组的投产发电，加速了二号机组的施工进程。在二号机组施工过程中，山东电力建设第一工程处广大职工突破机炉本体任务重、时间紧、劳力少、辅机设备缺口大的难关，抓住施工中的主要矛盾，挖掘生产潜力，动员一切力量，开展了社会主义劳动竞赛，加快了二号机组的施工进度。他们克服了炎热多雨等困难，起重工主动出击，为安装工创造条件；焊工打着雨伞割铁板；汽机本体工在安装汽轮机汽缸时，由过去陈旧的卧式接缸改为立式接缸，将工期提前3天。二次灌浆比原计划提前13天。锅炉本体工程进展速度更快，省煤器安装提前20天完成、低温过热器安装提前8天完成、水冷壁校正固定提前4天完成、炉顶升汽管安装提前15天完成。

1970年7月20日，白杨河电厂二号机组投产发电。二号机组的迅速建成，不是“斗争”的结果，而是山东电力建设第一工程处广大职工共同努力的结果，是他们为祖国电力建设事业无私奉献精神的体现，展示了特别能吃苦、特别能战斗的风采。

在完成白杨河电厂一期工程建设任务后，山东电力建设第一工程处快马加鞭不下鞍，紧接着推进白杨河电厂二期工程建设。白杨河电厂二期工程的1×5万千瓦机组是山东电力建设第一工程处自行设计施工的，遵循的是“打破洋框框”走自己工业发展道路的思想，自力更生，艰苦奋斗。机组设计组以老工人为主体，采用干部、工程技术人员和老工人“三结合”的办法，整个设计历时半年，绘制图纸4000多张，完成了土建、汽机、锅炉、电气、热工五个专业的设计任务，比设计院设计工期提前一年。职工加班加点，不懈奋斗，推动三号机组高效完成施工任务，三号机组于1971年10月16日投产，创造了施工新纪录。

莱芜电厂是山东省电建史上第一个“125”发电机组工程。1970年11月12日，山东省“674”（莱芜电厂代号）基建工程会战指挥部从山东电力建设第一工程处与莱芜电厂抽调25名工人、干部、技术人员，配合华东电力设计院62名技术人员组成了施工、生产、设计“三结合”和工人、干部、技术人员“三结合”的现场设计队，按照既定的“靠山隐蔽、集中分散、利于战备”设计原则，把主厂房、煤场、化学水处理、油泵房、升压站等布置在吊鼓山下，并留出扩建余地，以备建设第三台125兆瓦机组。

接受了莱芜电厂的建设任务后，山东电力建设第一工程处在1970年3月8日派遣首批人员到达现场，进行莱芜电厂工程的施工准备。当时公司还在白杨河电厂进行三号机组的施工，为加快莱芜电厂一期工程建设，公司兵分两路，一路留在白杨河，一路赶赴莱芜，在吊鼓山脚、莲花河畔布下了大干“125”机组的战场。

莱芜电厂一期工程土建施工于1970年初动工，采取了“人民战争”的方法，发动章丘、新泰、泰安、宁阳、长清、莱芜六县民工共2万多人大搞“三通一平”。一时间，莲花河畔万头攒动，吊鼓山下人声如潮，工地的 2 万多名民工以“敢教日月换新天”的精神用镐头在山坡上开出一块块平地，用双手搬掉一块块巨石，硬是在莲花滩上铺平了场地，让河水顺从人的意志，流入由人工开凿好的新河床。经过一年的准备，主体工程于 1971 年 4 月破土动工。

莱芜电厂 12.5 万千瓦机组是山东电力建设第一工程处当时接受建设的最大机组，仅主体工程就需开挖 32 万立方米土石方，绑扎钢筋 2300 吨，浇灌混凝土 3000 立方米，敷设电缆 53 千米、管道 16 千米，安装近万吨重的设备。

白杨河电厂三号机组投产后，第一工程处大部分人员于 1971 年底会师莱芜工地，他们抢晴天、战雨天，不怕严寒酷暑。经过努力，年内就完成了混凝土构件 87% 的工程量。10 月下旬厂房框架及预制大件完成吊装，12 月除氧煤斗间和部分炉架也吊装就位。

在动乱的年月里，山东电力建设第一工程处广大职工仍然不忘为祖国多作贡献，为莱芜电厂“125”机组早日发电而艰苦奋斗。在施工过程中，他们遇到了很多难题，比如“125”机房顶盖按要求要用跨度为 33 米的混凝土大板，然而这种大板还处于试验和摸索阶段。针对这种情况，大家及时召开会议专门对混凝土大板进行研究，一致认为这种大板不仅省工省料，而且整体性强、坚固耐用，应该克服现场试验的困难，走自力更生创新路，为发展我国电力事业作贡献。会议之后，建筑队发动全体职工对大板制作献计献策，制定出具体施工措施。施工开始后，各工种密切配合，严格科学态度，坚持质量标准，根据预应力结构原理，采用加宽大板梁肋部钢筋距离、两头浇灌、两头振捣的方法，攻破了一个个技术难点，成功制造出大板。经鉴定，大板质量良好，由此也把公司建筑施工提高到一个新水平。

莱芜电厂发电机定子是 98 吨重的巨大物件，须从地面吊往 9 米高的平台，然后就位。但没有这么大的起重设备怎么办？在重重困难面前，起架队职工没有退却，没有低头，他们以铁人王进喜为榜样，迎难而上，革新工具。队长钱金银和工人、技术员集思广益，决定将荷重 45 吨的“厂”型吊臂撑上支架，从而把起吊能力提高到百吨以上，只用一个多小时就将发电机定子安装到位。在后来发电机转子安装过程中，面对没有专用设备的困难，职工群众又提出自制 60 吨塔吊穿转子的办法。经过精心组织，各工种密切配合，仅用了两个多小时就准确无误地将转子穿入定子腹中。

1972 年 7 月，当莱芜电厂一号机组主机安装进入高峰时，与投产发电直接相关的 172 件辅机设备迟迟不能到货。为此，山东电力建设第一工程处组织催交班子，奔赴华东、西北、东北等地催交设备。在设备存在缺陷的情况下，公司职工又自己动手，为一号机组制造设备 17 种 81 台件，为整套机组的早日发电创造了条件。

莱芜电厂一号机组从主体工程施工到并网发电，前后历经 18 个月，终于在 1972 年内投产发电，完成了国家计划。

1973 年 1 月，《大众日报》、山东广播电台以“总路线精神放光芒——记建设莱芜发电厂的事迹”为题，联合报道了莱芜电厂第一台 12.5 万千瓦设备从筹建、设计、土建安装到投产发电的好消息。

1973 年 4 月，莱芜电厂举行了盛大的机组投产庆祝大会，时任中共山东省委书记苏毅然、省生产指挥部总指挥周水朵参加了庆典并剪彩。

在莱芜电厂一号机组建设时期，国家计委就已将二号机组列入 1973 年投产项目。莱芜电厂二号机组的土建是和一号机组的安装同步进行的。一号机组投产发电后，二号机组的土建施工进程也加快了。

公司党委为组织施工，提前把国家计划给职工交了底，发动职工论形势、揭矛盾、抓关键、提措施，分清轻重缓急，统筹兼顾，制订分阶段施工计划；根据需要和可能进行统一平衡，征求群众意见后，决定组织 3 个“大战役”、21 个“小战役”，制订了莱芜电厂二号机组土建施工 4 个月、安装 4 个月、调试 1 个月，共 9 个月的投产发电施工计划。为了充分发挥职工的积极性和创造性，各施工队纷纷制定施工措施，召开誓师大会，响亮地提出了“下决心、排万难，大干、苦干、拼命干，九 · 五倒送厂用电、九 · 八分部试运完、国庆节前整套启动早发电、誓为人类多贡献”的行动口号，每个施工队、班组和个人都明确了任务要求，进一步坚定了广大职工夺取胜利的信心。

第一次战役开始，就碰到了二号机组除氧间框架基础由于地质复杂下沉 13 厘米的难题。这需要把已建好的框架拆除，重新筑基吊装。按照常规施工，需要花费半年时间，如此一来，工期就很难保证。经过充分调查研究，公司干部、工人、技术人员共同制定了可行的施工方案，为了确保第三季度二号机组投产发电，建筑工人甩掉棉衣，战风雪、抗严寒，昼夜苦干加巧干，快速优质地完成了重建任务。在冷水塔施工中，为了加快施工进度，公司组织了 10 多个工种近百名职工，全力以赴加油干。混凝土班的职工放弃春节与亲人团聚，大年初一仍坚守在工地上。起重工与操作工紧密配合，32 天完成了 1152 块预制件的浇制和吊装任务。汽机、电气、机修队加工了 15 吨预埋件，黄台基地职工家属日夜赶制了 12.5 万块网络板，南定基地家属职工赶镀了 30 余吨铁件。经过上下一条心的努力，终于完成了二号双曲线冷水塔的施工任务。为解决施工过程中设备交货迟、影响工程进度的问题，广大职工调整施工程序，采取先到先装、随到随装的施工方法，工人们称之为“倒装”“张口等”“先穿鞋子后穿裤”。

1972 年 9 月 29 日，莱芜电厂二号机组暂借一号机组给水泵供 2 号炉用水，进行整套启动并取得一次成功，电气试验结束后停机。12 月 9 日，给水泵运抵现场。12 月 13 日，完成突击。12 月 20 日，二号机组整套启动。12 月 23 日，72 小时试运结束，设备正式移交电厂投入生产。

建设时期的大会战场景

1974 年 2 月 16 日，莱芜电厂三号机组主厂房破土动工。

1974 年是山东电力建设第一工程处施工极为紧张的一年，既要保证辛店 2×10 万千瓦机组发电，又要完成莱芜电厂二期工程的土建施工任务。第一工程处领导在充分调查研究的基础上，认为“一年拿下双十万”是完全可能的，制订了“确保辛电双十万，莱电厂房吊一半”的年度施工计划。为按时完成任务，他们在三号机组的施工中，用大打“人民战争”的方法，重点抓主厂房的土建施工。经过一年多的努力，于 1975 年 4 月进行主厂房交付安装。

在极为艰苦的条件下，山东电力建设第一工程处高质量完成机组投产发电任务。1975 年 10 月 29 日，莱芜电厂三号机组整套启动，11 月 3 日移交电厂，创造了投产新纪录。

山东电力建设第一工程处拼搏奉献的精神在辛店电厂工程中发挥得淋漓尽致。1972 年底，他们派出由 13 名干部、工人组成的先遣小组从莱芜工地赶到辛店，开始施工前的准备工作。当时辛店电厂工地还是沟壑纵横、一片野坡。先遣小组的职工一不问吃住，二不讲条件，虽然 12 月的工地天寒地冻、北风刺骨，但是大家个个豪情满怀，在 30 万平方米的工地上，以“铁人”端水开钻的精神自励，大战 5 个月，挖土开石 20 余万立方米，胜利完成了开山平基、打井饮水、架线送电、修路通车的“四通一平”任务，为主体工程的施工做好了准备，赢得了时间。

1973 年 6 月 4 日，一期工程主厂房破土动工。炎热多雨的天气给施工现场带来了诸多不利，雨天使施工现场变成烂泥塘，烈日一晒又成了钢板似的硬块，铲运机插不进刀，一划一道印。机修队的职工以“红土板上闹革命，誓与困难比高低”的苦干精神把切土刀焊上齿，三台机同时启动，硬是攻下红土关。混凝土工在主厂房浇灌中，战高温、夺高产，40 多人拼命干。在 8 月一举超额完成计划的 90%，9 月突破 4000 立方米的大关。

1974 年，到处停工停产，致使鲁中电网 80 万千瓦负荷一下子降到 28 万千瓦。山东电力建设第一工程处党委处乱不惊，提出了“一年投产双十万”的口号。当时，要在 3 个月内拿下第二台汽轮机，谁敢拍这个板？有人说：“你就是 1 个月顶 3 个月用也不行，1 台汽轮机有 10000 米的管道、1000 多个阀门，不要说安装，你就是把这些东西对上号，也得 1 个月。”因此有人主张，在给水利电力部的报告中不要说“年内坚决完成”，留个退路。时任山东电力建设第一工程处的党委书记雷声却坚决地说：“年内完成，决不动摇，要相信我们这支队伍有这个雄心壮志，困难压不倒我们。”结果，年底最后一天，终于发电了。

1975 年，山东电力建设第一工程处既要完成莱芜电厂三号机组施工，又要进行辛店电厂二期工程的建设。广大职工喊出了“出大力，拼命干，5 个月拿下莱芜电厂‘125’，再战辛店二十万，当好电力先行军，为实现两步宏图作贡献”的口号。1976 年，面对“四人帮”的干扰和唐山地震的影响，公司广大职工不为名、不为利、不怕苦、不怕累，响亮提出了“灾区损失我们补，灾区困难我们担”的战斗口号，决心再装一台机。在辛店电厂二期工程的两台机组大战中，广大职工心往一处想，劲往一处使，汗往一处流，自发义务劳动达 1900 多次，为国家贡献 2 万多个劳动日。

1976 年 10 月，第一台 20 万千瓦机组施工进入决战阶段、第二台 20 万千瓦机组进入施工高峰时刻，传来了“四人帮”被一举粉碎的喜讯。公司广大职工欢欣鼓舞，建设社会主义的积极性空前高涨，整个工地掀起了赛干劲、赛风格、赛贡献的社会主义劳动竞赛高潮。刘光富以“活着 1 分钟就拼上 60 秒”的精神，一年干出了 500 多个工作日。有一次他神经性头痛发作，上吐下泻发高烧，然而他打完吊针顾不上休息就跑往工地，爬上 40 米高空绑架子。医生托领导劝，他硬是不下来。他没有什么豪言壮语，只以默默无闻的实干将青春献给电力建设事业，人们称他为大干社会主义的“电建铁人”。

山东电力建设第一工程处广大职工靠的就是顽强拼搏和无私奉献的精神，写下了一部部壮丽的电力建设史，谱写了一曲曲辉煌的电力建设凯歌。

（内容来源：《山东电建一公司史志》；故事整理：杜万朴）

“电力铁军”溯源

当下，你只要打开电脑，输入“电力铁军”四个字，屏幕上就会出现很多这方面的信息。“电力铁军”的源头在哪里？第一个被称为“电力铁军”的单位是哪个？第一个提出这个称号的人又是谁？

查阅中国电力发展史、走访多位退休的资深专家后，笔者竟然发现了一段被尘封了 40 多年的历史，那是中国电力发展史上的一个传奇。“以前，我们为什么忽视它了呢？”笔者不解地询问专家。专家叹息一声，说：“就因为发生在‘文化大革命’‘批林批孔’时期。”在“文化大革命”中创造这样的“奇迹”，现在看来就更为珍贵了。

1974 年，是以“阶级斗争为纲”的年岁，到处停工停产，各项事业大幅下滑。从山东省公布的数字来看，当年农业生产下降了 6.2%，工业生产下降了 27.1%。在这样的大环境下，山东电力市场形势却一片大好，在辛店发电厂工地，投产了两台 10 万千瓦的机组。现在看一年投产“双十万”确实不算什么，可在当年那是了不起的大事。1973 年底山东省装机容量才 159 万千瓦，这次投产就占了全省的 1/8。

创造奇迹的是山东电力建设第一工程处（后称为山东电力建设第一工程公司）。当年，一个工程处一年投产“双十万”难度非常大，大到超出想象。第一，那时正处在“四人帮”横行之际，有人就是要闹着停工停产，弄得领导干部与工程技术人员没有积极性、没有心思搞施工。第二，施工难度很大、困难多，设备供应往往不到位，到位设备很多又存在缺陷。例如，主厂房破土动工时正值夏天，下雨时让施工现场变成了烂泥塘，烈日一晒又成了铁板似的硬块，铲运机插不进刀，一划一道印。后来是将切土刀焊上齿子，三台机同时启动才攻下了红土关。第一台机组于 1974 年 10 月 6 日建成投产，要在 3 个月内拿下第二台机组。有人说：“发出电来，从辛店到青岛要架设 220 千伏高压输电线路，没有专业施工队伍，你们自己能够完成吗？”可奇迹就在一片“不可能”的怀疑声中实现了。1974 年 12 月 20 日，第二台机组顺利投产。整个一期工程提前一年完成，每千瓦平均造价仅为 401.7 元。

但是，这样的成就，在当时并没有引起关注。

电力工人在铁塔上作业

主变设备安装场景

1975 年初，时任国务院总理周恩来病重住院，毛主席任命邓小平同志主持党政日常工作。邓小平同志为了扭转国民经济秩序混乱与停滞不前的状态，以毛主席的“抓理论学习、要安定团结、把国民经济搞上去”三项指示为“尚方宝剑”，开始了全面整顿。邓小平同志的整顿势如破竹，经济发展很快见到了成效，生产一上来，电力紧缺的问题立即凸显。在这种形势下，山东省电力发展的成就与经验就体现了。1975 年 2 月底，“全国火电基建单位工业学大庆座谈会”在辛店工地召开，总结推广山东电力建设第一工程处的经验。同年 5 月，水利电力部、山东省委分别召开表彰大会，授予山东电力建设第一工程处“工业学大庆先进集体”称号，这在当时是很高的荣誉了。一年投产“双十万”这条旧闻成了热点新闻，引起了社会关注。

一大批新闻记者来到山东省采访，有新华社的，有《红旗》杂志社的，有《人民日报》社的，其中一位是山东广播电台新闻部工业组的记者，名叫段福澄。段福澄出生于山东莱州，1966 年毕业于山东大学中文系。他富有才华，为人耿直，正义感很强，常年生活在基层，渴望纠正“文化大革命”造成的混乱局面，尽快发展经济。他非常支持邓小平同志整顿经济的各项措施。得到这个消息后，段福澄就进入山东电力建设第一工程处采访，他马上被这里干部职工的奋斗精神“震憾”了。

1974 年，社会上到处都停工停产，很少有人干活。这里的干部职工却每天连续工作十七八个小时，“吃饭睡觉要人劝，休班度假靠动员”。全国电业劳动模范刘光富，以“活着 1 分钟就拼上 60 秒”的精神，一年干了 500 多个工作日，被誉为“电建铁人”。锅炉队队长胡根涛也是个老模范。1974 年 4 月，当锅炉大板梁吊装时，遇到六级大风，面对困难，50 多岁的胡根涛带头爬上 42 米的高空，坚持高空作业。起重工人也迎风而上，一起大干，最终使锅炉工期一再缩短。一号机组的除氧器运到现场时，离总启动时间只有 9 天了，而正常安装一台除氧器需要 15 天。那时候，运送设备的火车一进厂，早就严阵以待的起架队立即抢装抢卸，仅用 3 个小时就将设备吊上 14 米高的平台，接着汽机工、电焊工、油漆工协同作战，加班加点，仅用了 5 天就将除氧器安装完毕，保证了一号机组按时启动。

段福澄采访了山东电力建设第一工程处时任主任雷声。这位同志人如其名，对待事业热情如火，作风雷厉风行、知难而进、善打硬仗。他 16 岁就参加了革命工作，1960 年加入电力建设队伍。他对付造反派的办法是，以其矛攻其盾。抓革命就要抓好工程，抓工程就是讲政治。他坚定支持抓革命的行动，支持“不为错误路线生产”的态度，支持“为正确路线施工”的行动，坚持业余闹革命，就地闹革命，不能脱离岗位。

在第一台机组投产后，就有人认为这是“不得了”的大事，而雷声却要给水利电力部党组打报告，提出在年内完成第二台机组。有人劝他报告可以说“争取年内完成”，为自己留个退路。雷声愤然而起，“年内完成，决不动摇，要相信我们这支队伍有这个雄心壮志，困难压不倒我们”。结果，年底前的最后一天，二号机组真的发电了。1977 年雷声与劳动模范刘光富受到了党和国家领导人的接见。1978 年 9 月，雷声担任了山东省电力工业局的副局长，主管电力基建工作。

段福澄采访时发现这里的领导干部作风非常过硬，他们处处以身作则。省电力工业局的机关人员与工人一同吃大锅饭，住大工棚，在一条草毡子上睡觉。外边下大雨，里边下小雨，睡觉还得撑着伞。这其中就包括时任省电力工业局局长梁玉山。梁玉山是抗日战争时期入党的老党员，是新中国成立后接管青岛发电厂的“军代表”。他认为革命就是要有压力，要自己找压力，要创业，不能守摊子。“这矛盾那矛盾，人民缺电是最主要的矛盾；这困难那困难，人民缺电是最大的困难。”解决缺电问题就要上电厂抓基建。

1970 年，梁玉山担任山东省电力工业局局长后，就对全省电力生产与电力建设实行统一领导和管理，把基建与生产放到同等重要的位置上来抓，统一制定发展规划，从工程的前期工作抓起，集中力量打“歼灭战”。这样就能尽快形成生产能力，缓解电力供应紧张局面。梁玉山身患糖尿病，背着高粱米下工地，对工程一抓到底。

辛店工地召开全体职工动员大会，向一年投产两台 10 万机组冲刺

在辛店发电二号机组 3 个月的紧张安装过程中，梁玉山为了解决工程中急需的设备、材料、技术方面的困难，亲自到上海运输公司、北京铁路局等单位求援，组织省内十多家电力单位来支援。要架设从辛店到青岛的 220 千伏高压输电线路，省内没有专业施工队伍怎么办？他与时任青岛市电业局副局长关永俊谈话，要求他担任这条线路工程指挥部的总指挥，没有经验，就边干边学；要求他依靠

地方党委和人民解放军的帮助，组织广大农村电工施工。就是这样一支“土队伍”，架设了 140 多千米的线路，新建了一所 9 万千伏安的变电站，保证了第二台机组的投产。

段福澄被深深地感动了，他想起了“铁军”这个称号。“铁军”本来是指中国共产党直接领导下的以叶挺为团长的革命武装，在第一次北伐战争中以“敢打硬仗、敢打苦仗、敢打恶仗”而闻名。山东电力建设第一工程处这支队伍就具有铁的信念、铁的意志、铁的纪律、铁的作风，他们就是电力行业的“铁军”，于是段福澄将报道的总题目定为“电力铁军的力量”，1975 年 7 月开始在《电力简报》上连续报道，一共发了 6 篇。最后一篇是写女工程师朱菊儿的，算上这篇一共是 7 篇。这也是山东广播电台第一次进行连续报道，这批报道在山东新闻联播里首播，在社会上产生了很大的反响。后来，段福澄还与新华社记者一起，将这篇连续报道改成“内参”，题目定为“电力铁军是如何炼成的”。遗憾的是那位新华社记者的姓名，段福澄已经想不起来了，只记得那人个子挺高的。

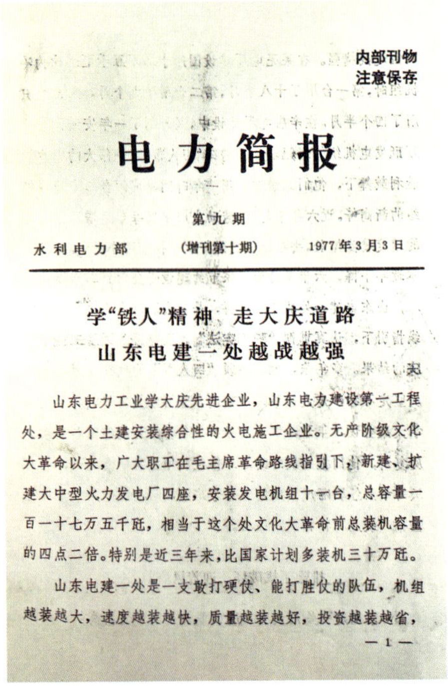
内部刊物
注意保存

电力简报

第九期
水利电力部 (增刊第十期) 1977 年 3 月 3 日

学“铁人”精神 走大庆道路
山东电建一处越战越强

山东电力工业学大庆先进企业，山东电力建设第一工程处，是一个土建安装综合性的火电施工企业。无产阶级文化大革命以来，广大职工在毛主席革命路线指引下，新建、扩建大中型火力发电厂四座，安装发电机组十一台，总容量一百一十七万五千瓩，相当于这个处文化大革命前总装机容量的四点二倍。特别是近三年来，比国家计划多装机三十万瓩。

山东电建一处是一支敢打硬仗、能打胜仗的队伍，机组越装越大，速度越装越快，质量越装越好，投资越装越省，

— 1 —

《电力简报》撰文《学“铁人”精神 走大庆道路 山东电建一处越战越强》

从那以后，山东电力建设第一工程处就以“电力铁军”自居，以“电力铁军”为荣，“电力铁军”的称号就这样流传了下来。

《中华人民共和国电力工业史（山东卷）》有这样的记载：“在‘文化大革命’这种环境下，以梁玉山为首的省局党组，以‘人家大乱我大干，为电力事业作贡献’的精神，带领职工在逆境中奋力拼搏，艰难前进。他经常深入工地，现场办公，解决设计、施工中的难题，以自己的模范行动影响并激发了干部职工电力建设的干劲……1974 年，正是‘四人帮’发动‘批林批孔’时期，省电建一处在辛店发电厂工地一年建成投产两台 10 万千瓦机组，创造了一年建成‘双十万’

的纪录。在工程施工中涌现了大批的先进集体与先进个人……在实践中逐步锻炼了一支电建铁军。”

1979 年，国务院为山东省电力建设第一工程处颁发嘉奖令

这是在史书上最早出现“电建铁军”字样。现在“铁军精神”已经成为山东电力建设第一工程处的宝贵精神财富。

（内容来源：《国家电网》；作者：李学广）

莫老爷的故事

莫春金现场工作照

过了米寿的莫春金总结自己的一生，用了两个字：干净。

25 岁那年莫春金就已经是山东电建一公司建筑施工处的一把手了，后来他又做了多年的公司纪委书记。

印证这份自豪的，应该就是他珍藏了一生获得的所有荣誉，有奖状、奖章、证书、奖杯、钟表、被面、镜子、暖瓶、水杯、饭碗、脸盆、钢笔……有些东西是用过了、用旧了、用烂了、用坏了的，他也不舍得扔，而是悉心地擦拭干净，摆放整齐了再放进他的荣誉箱，然后锁紧了，并不示人。

那时的莫老大大的脑袋、胖胖的身子、粗粗大大的手脚，永远留一头像钢针一样的短发，洪亮的嗓门儿，说起话来都带着金属音，远不似那讲着一口吴侬软语的无锡人。他讲起话来从不啰嗦，每一句都说到点子上，让听的人只有点头的份。他还会调节气氛，来上两句顺口溜，要不就说段笑话，一下子大家就轻松起来了，感觉和莫老在一起工作很快乐，和他相处很有亲近感。这就是莫老，我们的劳模。

说起当劳动模范的经历，莫老的两眼就会立马亮起来，他好像又回到了那个带给他荣耀的岁月，满脸都是幸福的光彩。在那个年代，谁不知道“莫春金青年突击队”呢！他可是受过毛主席检阅的，毛主席红光满面地站在主席台上，接见他们这些来自各条战线上的英雄们，莫老激动地跳起来，高呼着“毛主席万岁”！看见毛主席的眼光移向他，他的眼泪就流了出来，直到身边有人拉他的衣袖他才知道自己在哭，他那是激动的。那次群英会，他搬回了一块座钟，上面醒目地写着奖给“莫春金青年突击队”，这块座钟至今还保存在公司的荣誉室里。

当年莫老从北京回来做报告，讲着讲着就激动地哭起来，说像他这样的苦孩子没有共产党就没有今天。群英会成了莫老一生都在回忆的盛会，他说他和李瑞环、张百发都是一个时代的人，一起出席了这次会议。

20 世纪 90 年代，公司的事业越做越大，承建的工程越来越多，人们的腰包鼓了，思想也活跃了，不老实的人也多了。公司的摊子铺得大，自己的人手不够，大批的乡镇建筑安装队就进入了公司，大家把他们称作外包工，把他们的队伍叫作外包队。外包队就是跟着干活，一切都是外包工头说了算，那些外包工头手里有钱，办事靠的就是请客送礼。市场经济了，供货商也变了，以前是公司求他们，现在是他们求公司，这些人也认准了大工程这块“肥肉”，有空子就钻。要抢占就得有手段，这些手段往往用着用着就歪了。这时的莫老也“焕发了青春”，那金属般的声音又嘹亮地响起。莫老说：“以前我这杆枪是支在这里，现在我可要出击了，小心点啊，别撞在枪口上。”莫老的“廉政经”又念起来了，腰杆子挺得笔直，眼睛里常常放出寒光，别人看上一眼，好像自己都要心虚了似的。莫老大会小会都要讲上一通廉政。莫老讲廉政可不是简单地念条文，他讲得最多的是“拿了人家的手短，吃了人家的嘴软”，“常在河边走，小心湿了鞋”。他讲这些是爱护大家，“别看现在得了个便宜，说不定会变成个祸”。

有人说，莫老做那么大的官，就不信没人给他送东西。还真让人给说着了，有一年春节，莫老回苏州，有人送来了茅台酒、中华烟，还是莫老的一个亲戚领着人送来的。莫老想，恐怕其中有诈，就把那推辞不掉的礼品装起来，过完节背回了公司。果然就有干部来找莫老汇报工作，说要给一个外包队签一份担保合同，莫老就奇怪了，那是他们的业务范围，用不着公司为其担保啊！来的干部说这个外包队有困难，他们的包工头和莫老的一个亲戚熟悉，这个忙不好不帮。莫老当即就明白了，原来那中华烟、茅台酒是有来头的，他打开办公室里的柜子门，拿出那酒和烟，说怪不得有人来送烟、送酒，真是用心良苦。莫老边讲边把头晃来晃去，还有什么好说的，事已至此，自然就办不成了，这也让莫老认清了自己的价值。莫老那几年又抱回了些荣誉，只不过不叫“劳动模范”，而叫“优秀纪检监察干部”。有人说：“莫老，你可成了党纪卫士了！”莫老一琢磨，说：“这个名好，我这辈子就是和党的感情深，想当年我算干啥的，苦孩子、童工、文盲，没有党，我能有今天？”

（内容来源：《中国电力报》；作者：王松波；故事整理：葛连勇）

贰

沐浴春风

改革开放以后，一公司人沐浴改革开放春风，以“设备到现场，我们说了算”的社会主义主人翁责任意识，加快工程建设速度，创造了“六年投产六台三十万”电力建设新成绩，其间培育了两名全国劳动模范，成为全国电力行业的先锋和楷模。

这张奖状被总理点赞

在山东电建一公司的发展历程室里，保存着一张金灿灿的奖状，奖状落款时间为 1986 年 9 月 22 日，这是公司分量最重的荣誉之一。

山东省电力建设第一工程公司荣获中华全国总工会授予的
“全国先进集体”称号和“五一劳动奖状”

全国五一劳动奖状是中华全国总工会设立的授予先进集体的荣誉称号，是工人阶级最高奖项之一，能获此殊荣是对企事业单位的最高礼赞。

1986 年 9 月 28 日，国庆节前夕，中华全国总工会在国家重点建设项目——邹县电厂工地召开向山东省电力建设第一工程公司授奖大会，授予山东电建一公司“全国先进集体”称号，颁发“五一劳动奖状”。

这也是新中国成立以来，中华全国总工会颁发的第三个全国五一劳动奖状，山东电建一公司是继沈阳五三工厂和广州卫生处理厂之后，又一获得“全国先进集体”称号的单位。

中华全国总工会中国水利电力工会、山东省经委、山东省总工会、山东省电力局有关方面负责人出席会议并讲话，对山东电建一公司高度评价，提出了新的期望。

中华全国总工会向山东省电建一公司授奖大会现场

中华全国总工会发布的《关于授予山东省电力建设第一工程公司“五一”劳动奖状的决定》全文如下：

山东省电力建设第一工程公司是一九七九年国务院表彰的“全国先进企业”。近年来，他们在电力建设中继续保持荣誉，不断创造新的业绩。一九八五年在确保全国完成五百万千瓦机组投产任务中，奋发图强，顽强拼搏，用二十七个月的时间，使邹县电厂第一台三十万千瓦机组顺利投产，安装质量优秀，经济效益显著，创造了全国电力建设的新纪录和新水平。

一九八六年在确保全国第二个五百万千瓦机组投产任务中，再接再厉，在邹县电厂第二台三十万千瓦机组施工中，安装工期和质量胜过第一台，为电力事业和国民经济的发展做出了重大贡献，为全国基建施工单位和各企业树立了榜样。为此，中华全国总工会决定：授予山东省电力建设第一工程公司“全国先进集体”称号，颁发“五一劳动奖状”。

中华全国总工会号召全国职工，特别是参加500万千瓦机组建设的各行业职工，学习山东电建一公司职工以“四化”建设为己任，在本职工作中创第一流水平的主人翁精神，学习他们有理想，讲贡献，勇挑重担、不怕困难、艰苦奋斗的高尚品德；学习他们勇于改革，不断完善经济责任制，加强科学管理，确保工程质量的先进经验；学习他们领导干部以身作则，自觉端正党风，严于律己，关心群众生活的优良作风。希望全国广大职工向山东电建一公司职工学习，争创“四有”职工，勇当改革主力军，为“四化”立功，为完成第七个五年计划做出更大的贡献。

喜讯传来，时任中共中央政治局委员、书记处书记、国务院副总理的李鹏同志发来贺电，希望山东电建一公司继续发扬不怕困难、奋勇拼搏的精神，进一步加强科学管理，勇于开拓和改革，加强精神文明建设，调动广大职工的积极性和创造性，努力掌握先进技术，建设更多更好的现代化电厂，为全国电力建设做表率。

自1979年4月起，李鹏同志先后担任过电力工业部副部长、党组成员兼华北电业管理局党组书记，电力工业部部长、党组书记，水利电力部副部长、党组副书记，对山东省的电力工作非常熟悉。

1981年1月19日，为缓解山东省用电紧张局面，国家计委批准邹县电厂一期两台30万千瓦工程任务书。30万千瓦机组在20世纪80年代初期可是大机组，是国家的重点工程。

1983年6月，李鹏同志出任国务院副总理，分管全国的能源、交通、重点建设项目等工作。在邹县电厂一期工程建设期间，李鹏同志先后两次来到邹县电厂工地视察工作。

第一次是1983年10月23日，邹县电厂工地刚开工不久，李鹏同志就来到工地，看了主厂房、烟囱施工现场，询问工程建设情况。第二次是 1985 年 4 月 22 日，正值邹县电厂一号机组建设冲刺阶段，李鹏同志一行 35 人视察了邹县电厂工地，听取了工作汇报。他指出："一公司的干劲是一贯的，你们的施工进度我们很放心。"

在山东省调研期间，李鹏同志专门为山东省电力基本建设总结了"三句话一个精神"，充分肯定山东省的工作。第一句话是"第一把手抓带头"，第二句话是"整个班子都抓"，第三句话是"把基建和生产放在同等重要的位置"。一个精神是"不怕困难、善于克服困难的精神"。后来，这一精神在全国推广学习。

1985 年 12 月 2 日 14 点，邹县电厂第一台 30 万千瓦机组满负荷试运 72 小时结束，创造了全国第一台 30 万千瓦机组 26 个月投产发电的新纪录。李鹏同志闻讯后非常高兴，专门为机组投产发来贺电。

李鹏同志长期在电力系统工作，是我国电力工业的杰出领导人、核电事业的重要开创者。他了解山东电建一公司、关心山东电建一公司、关怀山东电建一公司，1996 年 1 月 1 日，在公司成立 40 周年之际，李鹏同志又欣然为公司题词："立足山东，面向全国，走向世界，再创电力建设新成绩。"

（内容来源：《山东工人报》《山东电建一公司史志》；故事整理：刘学良）

朱菊儿，用生命书写电力传奇

有一位女性，她的功业彪炳山东省电力建设史册，熠熠生辉。她的品格正像她的名字一样，凌霜盛开，西风不凋，坚韧不拔。

斯人已去，但她的故事感人至深，在山东省电力建设领域一直口口相传。她就是全国劳动模范、山东电建一公司原总工程师，朱菊儿。

朱菊儿，1940 年 10 月 15 日出生于江苏金坛。1964 年毕业于南京工学院动力系，后被分配到上海华东电力建设总局。其后，为了山东省电力事业发展，她毅然放弃舒适的大都市生活，到山东省电力建设一线工作，一干就是 20 多年。

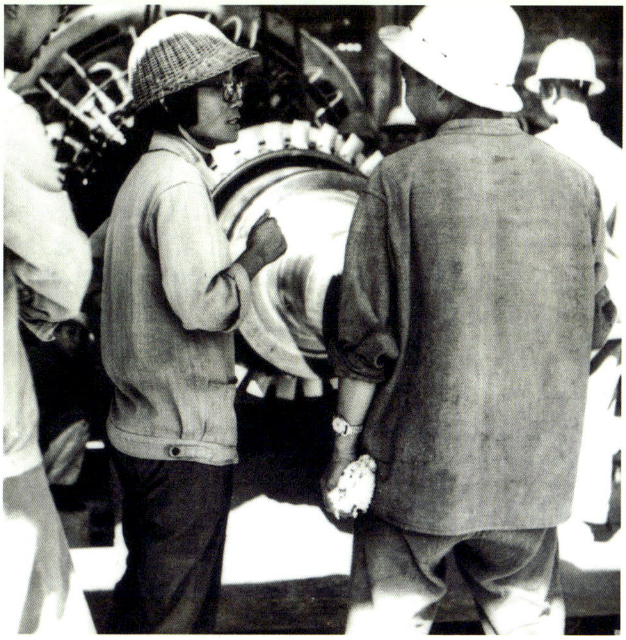

20 世纪 80 年代中期，全国劳动模范朱菊儿在项目现场

20 多年来，她用脚步丈量时光，用生命淬炼功业，和同事们一起创造了一个又一个奇迹。

邹县电厂第一台 30 万千瓦机组，从破土动工到投产发电，仅用了 26 个月的时间，比合理工期缩短了半年，创下了我国电力建设史上的最快速度；黄台电厂 30 万千瓦机组，安装调试在一年内完成，速度之快、质量之高，又创全国之首。

20 多年的电建施工生活，风餐露宿、宵衣旰食，她跟随山东电建一公司这支铁军一起创造了数个工程奇迹，也收获了属于她个人的荣誉。

1987 年 3 月 21 日，朱菊儿被授予国家级有突出贡献的专家称号。

1987 年 10 月 22 日，朱菊儿作为中共十三大代表赴北京参加盛会。

1988 年 4 月 28 日，山东省政府做出决定，授予朱菊儿省级劳动模范称号。

1988 年 4 月 30 日，中华全国总工会在人民大会堂举行全国劳动模范、五一劳动奖章、五一劳动奖状授奖大会，朱菊儿就是参会的一员。

1989 年 9 月 28 日，朱菊儿作为特邀代表出席了全国先进生产者表彰大会。

1988 年，朱菊儿被评为全国劳动模范后载誉归来

荣誉的背后，是夜以继日的艰苦劳动与付出。桂冠的光芒，是用生命之火淬炼而成的。

她病了，但仍心系一线忘我工作

1982 年，朱菊儿随单位从黄海之滨的黄岛电厂转战济南，还没来得及休整，她就又投入了黄台电厂第一台 10 万千瓦机组的紧张施工中。开工不久，她突然感到左胸部阵阵作痛，并且伴有出血现象。在同事们的极力劝说下，她到医院做了一次全面检查。一纸诊断书犹如晴天霹雳：乳腺癌！朱菊儿才 42 岁啊，正是干事业的黄金年龄，想到丈夫、孩子、事业，她陷入极度痛苦之中……

1982 年 12 月的一天早晨，朱菊儿躺在上海某军医院的病床上，胸部缠着厚厚的绷带，面带痛楚的表情。丈夫邢品三静静地守护在床前。16 个小时之前，她刚刚做完乳腺癌根治手术，左胸部被起掉了 3 根肋骨。一阵剧烈的疼痛过后，她从昏迷中苏醒过来，干裂的嘴唇欲启又合，像是要说什么。终于，她轻声呼唤丈夫，说她想写封信。丈夫邢品三很快找来笔和纸。“老邢，咱们出来这么久了，也不知道工地上怎么样了？机组刚刚开始安装，年轻的技术员经验不足，在安装和土建的配合方面有些应该注意的问题要向他们交代一下，千万不能因为安装质量影响整个工程的顺利进行。”她刚刚做完手术，卧床不起，还念念不忘工地的建设，邢品三听着，手颤抖了，眼睛也模糊了。

朱菊儿的伤口逐渐愈合。转年 2 月，邢品三扶着朱菊儿来到上海外滩。望着江上和岸边秀丽的景色，夫妻二人猛然意识到，结婚十几年来，这还是俩人第一次结伴同游呢。遗憾吗？不！共同的事业、共同的理想和追求，构筑了他们爱情的坚实基础。1964 年，俩人大学毕业同时来到山东电建一公司。20 年来，他们朝夕相处，同甘共苦，足迹遍布齐鲁大地。一座座电厂投产，一台台机组并网发电，都凝聚着他俩共同的心血。每当想到这些，他们的心灵总是感到莫大的安慰。站在外白渡桥上，朱菊儿思绪万千。20 年前，她曾来到这里，那时她还是一个对未来充满幻想的女大学生。回首往事，她庆幸自己当年的选择。

朱菊儿早年就读于金坛中学，那里是世界著名数学家华罗庚的母校。少年时期的她就立下雄心壮志：将来一定要做一名华罗庚式的优秀科学家。1964 年，她以优异的成绩毕业于南京工学院动力系汽轮机专业。毕业前夕，父母、兄弟都希望她留在家乡，同学们也劝她留在南方大城市搞专业研究工作，她却有着自己的执着和追求。她在毕业分配志愿书中写道："党和人民培养了我，我要首先服从党和人民的需要。电力建设需要汽轮机专业人才，我愿为祖国的电建事业做出自己的贡献。"就这样她愉快地来到了山东电建一公司，成为工地上第一位女大学生。

不久，"文化大革命"开始了，当时正常的生产秩序被打乱了，朱菊儿欲罢不忍、欲干不能，内心十分痛苦。然而她献身电力建设事业的决心丝毫没有动摇和改变。她抓紧时间埋头读书，钻研技术，用知识充实自己，慰藉痛楚的心灵。谁知，她却因此招致了"走白专道路""想成名成家"等种种非议和责难。但不管别人怎么说，她却坚信祖国建设需要电力建设事业，人民需要电力建设。

抚今追昔，朱菊儿重新扬起理想的风帆。她指着当年与同学们合影的地方笑着对邢品三说："走，我们去照相，说不定 20 年后我们还会来到这里！"他们并肩站在桥头，举目天外，身后黄浦江水滚滚东流。

朱菊儿出院以后，身体仍然十分虚弱。组织上为了照顾她，安排她到北戴河疗养，可当她听到邹县一号 30 万千瓦机组安装工作就要开始时，疗养期未满便匆匆离开，回到了她想念的电力建设工地。

毛衣左胸部的毛线被磨断了，裂开了拳头大的洞

1983 年，邹县一号机组建设破土动工，水利电力部下达的施工期限只有 27 个月，时间紧，要求高。刚刚被提升为副总工程师的朱菊儿，此刻感到肩上的担子比以往任何时候都沉重。白天，她在现场检查工作、组织施工，先后解决了十几个重大技术难题；晚上，她在灯下翻阅资料、查看图纸，每天连续工作十几个小时。

过度的疲劳使朱菊儿尚未完全愈合的伤口时时产生难以忍受的疼痛。每当这时，她就用手抵住左胸部，使劲地按摩，疼痛稍微减轻一点就继续工作。就这样，在不到一年的时间里，她的两件毛衣左胸部的毛线都被磨断了，裂开了拳头大的洞。在机组试运转时，一台大型水泵振动严重，一直达不到额定转速。已经在现场连续工作 13 个小时的朱菊儿坚持和同志们一起查找原因。她一手按摩伤口，

一手扶在案前，额头渗出豆大的汗珠。见此情景，同志们再三劝她回去休息，她却执意不肯。这天，她在工地上整整忙碌了 15 个小时。施工期间，医生给她开了 10 瓶吊针，她只打了一瓶就不打了。同志们催促她去打针，她说："打一瓶吊针要 3 个小时，现在工程正紧，我哪里耽误得起这么多时间啊！"

1985 年 12 月 10 日是个令人振奋的日子——我国自行设计、自行制造、自行安装的邹县电厂第一台 30 万千瓦汽轮发电机组整机启动一次成功，时任国务院总理李鹏同志发来贺电，高度评价山东电建人的工作精神。

在庆功会上，在欢乐的人群中，人们却始终没有看到朱菊儿那熟悉而瘦小的身影，因为她太累了，病倒在家中。

作为女儿、妻子和母亲，她有很多遗憾

朱菊儿常说一句话，一个人对事业的追求越强烈，那么他对家庭和亲人的愧疚就越深。

朱菊儿和丈夫邢品三有共同的追求，他们长年在各地奔波，昼夜在工地上辛勤工作，很少有时间和精力去照顾自己的小家庭，特别是苦了两个可爱的儿子。为了事业，他们把出生仅 6 个月的大儿子送到南方老家抚养，直到 8 岁才接回身边。后来大儿子高考落榜，朱菊儿感到很难过。她意识到自己对家庭、对孩子的欠账太多了。

在邹县电厂施工期间，朱菊儿无意中看到了小儿子一篇题为"我的妈妈"的作文。小儿子这样写道："一个仲夏的夜晚，我下了晚自习回家，远远看到家里黑乎乎地没有灯光，知道爸爸、妈妈还在工地上，我只好坐在门口等着。这时，不知谁家的录音机在唱这样一首歌，'世上只有妈妈好，有妈的孩子像个宝'。我听着，眼泪就落下来，心想妈妈工作再忙，也不能让我在外当'小流浪汉'啊！天很晚了，妈妈才从工地回来，把我抱进屋，安顿我睡下，而她又打开台灯，认真地看起图纸来。这时，我借着灯光看见妈妈又瘦了许多，眼睛也布满了血丝。不知怎的，我一下子原谅了妈妈，她是因为电厂建设才顾不上我的呀……"朱菊儿读着小儿子的作文，眼泪止不住地流了下来。

1985 年秋天，邹县电厂一号机组安装进入了最紧张的阶段。这时，朱菊儿

两次接到老家打来的电报，说她年过八旬的老母亲因故摔伤，催她速归。她与母亲多年未见，此时她真恨不能立刻就回到日夜思念的老人身旁，可一想到电厂，她又犹豫了。第二天，她擦干眼泪，又出现在火热的施工第一线。

朱菊儿是事业上的成功者，但作为女儿、妻子和母亲，她有多少难以言状的歉疚遗憾啊！

有人问朱菊儿，名誉、地位你都有了，自己身体不好，为何还不退下来养病呢？她很干脆地回答："1964 年，我刚刚走上电建战线时，山东缺电 40 万千瓦，20 多年来，我们安装了近 300 万千瓦发电机组，山东反而缺电 100 万千瓦了。国家电力这么紧张，作为一名电建工作者，我感到有义不容辞的责任，假如在这个时候退下来，我会抱憾终身的。"

是的，朱菊儿没有退下来。

1983年，她和同事们共同出色地完成了黄台电厂30万千瓦机组的安装任务。紧接着，她就来到邹县电厂的建设工地去创立新的功业。

后　记

1989 年，朱菊儿调离山东电建一公司，1990—2000 年，她在山东省电力工业局基建总公司任副总工程师，从事火电厂的基本建设。其间，1991 年她在山东省电力研究所工作一年。她先后参加山东省 8 座电站、20 多台大中型汽轮发电机组的施工组织和技术管理工作，总容量达 1200 万千瓦。她在山东省电力建设施工管理、施工技术、工具革新、网络计划的推广应用以及施工方法的规范化等方面做了大量创新工作。

1990—2000 年，朱菊儿大部分时间从事世界银行贷款项目和中外合资项目的基建阶段前期工作，这些项目在施设水平、设备选型、经济效益、安全生产等方面均取得佳绩。

朱菊儿参建的邹县电厂一、二期工程 4×30 万千瓦机组投产后，多次在全国同类型机组的评比中名列前茅；三期 2×60 万千瓦引进机组被国家电力公司确认为免检机组，也是全国第一个 60 万千瓦的投产达标机组。

（内容来源：《大众日报》；作者：殷岩、王文生；故事整理：杨开）

“163”工程

“163”本是一个平常的数字，但在山东电建一公司人的记忆里，这一数字让人印象深刻、难以忘怀。

它不仅仅是山东省电力发展史上一个具有重要历史意义的里程碑，更是见证“电建铁军”一步步走向辉煌的重要事件。

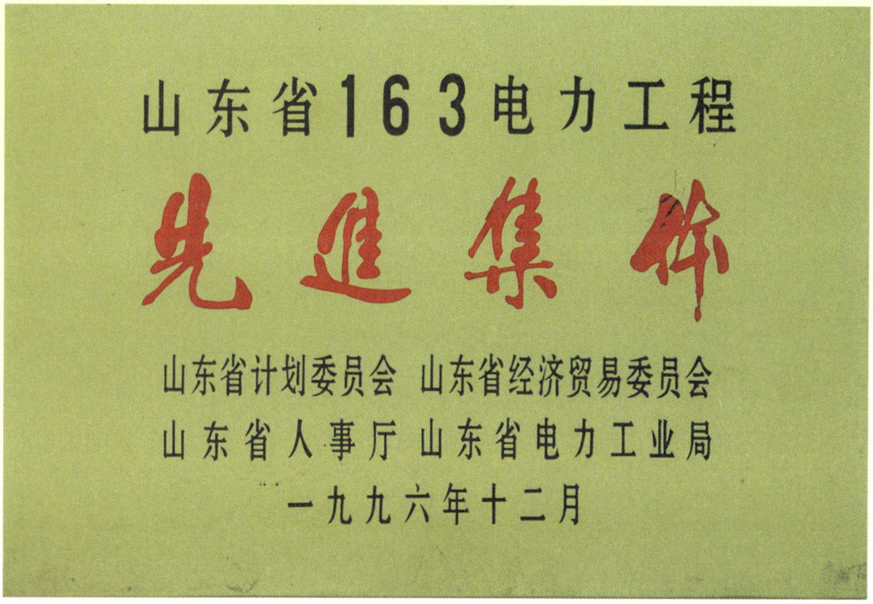
山东省163电力工程
先进集体
山东省计划委员会 山东省经济贸易委员会
山东省人事厅 山东省电力工业局
一九九六年十二月

1996年，山东电建一公司被授予“山东省163电力工程先进集体”

1996年12月23日下午2时，泉城济南。山东省电力局局长刘振亚郑重宣告：1996年12月23日零点50分，邹县电厂五号60万千瓦机组经过满负荷试运建成投产！比国内同类型机组最快装机速度提前11个月。至此，山东省1996

年电力投产 163 万千瓦的任务圆满完成。

与会者全体起立，掌声雷动，经久不息。

山东省政府和电力部分别致电祝贺。

电力部在贺电中赞扬山东省电力建设者用了 37 个月建成 1 台 60 万千瓦机组工程，又创造了全国电力建设速度新纪录。

中国企业新纪录

证书

C·E·N·R

经中国企业新纪录审定委员会
一九九八年四月十九日审定

山东电力建设第一工程公司承担的邹县发电厂一台60万千瓦机组工程，从1993年11月25日开工，到1997年1月7日移交生产，建设工期37个月，为全国60万千瓦火电机组工程工期最短纪录。

一九九八年四月二十七日

1998 年，邹县发电厂 60 万千瓦火电机组建设工期创最短纪录

一年投产 163 万千瓦新机组，不仅创出山东省历年最高投产纪录，而且使山东全省发电装机容量突破 1400 万千瓦，继续保持全国各省、市、自治区装机容量第二位，为山东省“九五”计划开了个好头。

这个 163 工程前前后后又是怎么回事呢？

改革开放以后，山东省的电力发展为全省经济发展提供了坚实的基础，但是，缺电形势依然严峻。“八五”期间，山东全省新增装机年平均递增 8.7%，而同期全省国民经济年平均增长 16.72%，远高于电力增长的速度，电网被迫拉闸限电。

电力匮乏制约着经济的发展。山东省电力局根据山东省委、省政府提出的今后 5~10 年实现经济大省向经济强省跨越的战略目标，结合山东省电力实际，提出到 2000 年全省新增装机 600~700 千瓦。其中，1996 年投产新增装机组 133 万千瓦，力争实现 163 万千瓦的目标，后来调整为确保投产 163 万千瓦的奋斗目标。

这 163 万千瓦包括龙口电厂六号机组 20 万千瓦、青岛电厂二号机组 30 万千瓦、邹县电厂五号机组 60 万千瓦、十里泉电厂六号机组 30 万千瓦、烟台渤海电厂 10 万千瓦、南定电厂 2×6.5 万千瓦。

邹县电厂全景

投产 163 万千瓦，意味着山东省一年投产机组容量占全国的 1/7 还多，是山东省电力史上投产机组最多的一年。

其中，邹县电厂五号机组、十里泉电厂六号机组共计 90 万千瓦全部由山东电建一公司承建，占了“163 工程”的 55%。尤其是邹县电厂五号机组，是山东省上水平、上台阶的机组，是“163 工程”的重头戏，能否顺利投产影响重大。

山东省委、省政府高度重视，时任副省长宋法棠先后三次到邹县、十里泉工地现场办公，协调工程建设遇到的问题。

山东省电力局成立由三位局长组成的工作组，分别到邹县、十里泉、青岛三个扩建工地坐镇指挥，及时解决施工中的困难和问题。

山东电建一公司 1800 多名干部职工克服资金到位迟、设备到货晚、图纸交付慢等困难，在总工期只有 37 个月、比国家规定的同类型机组施工工期缩短了 11 个月的情况下，发扬铁军精神，加班加点，倒排工期，科学组织，将 1365 个分项工程按量、质、期要求，全部分解落实到各施工处、班组和个人，保证了工程计划。

正是工程建设者的顽强拼搏、无私奉献，才有了“163 工程”由年初的力争实现到后来的全面实现。

邹县电厂三期五号机组（600 兆瓦）主厂房工程和五号冷却塔工程（9246 平方米）被评为 1997 年电力工业部火电建筑工程优质施工项目

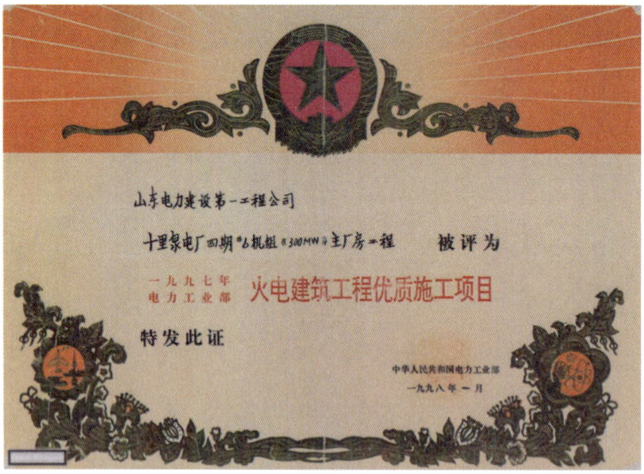

十里泉电厂四期六号机组（300 兆瓦）主厂房工程被评为 1997 年电力工业部火电建筑工程优质施工项目

1996 年 12 月 30 日，山东省人民政府在南郊宾馆召开表彰大会，授予山东电建一公司“山东省 163 电力工程先进集体”，公司一批集体和个人受到省委、省政府表彰，至此“163 工程”全面告捷。

山东电建一公司在全省乃至全国电力发展史上留下了光彩的一笔。

1997 年，山东电建一公司乘势而上，快马加鞭，先后投产了十里泉电厂 30 万千瓦、邹县电厂 60 万千瓦、里彦电厂 5 万千瓦共计 95 万千瓦的发电厂，为山东省电力一年投产 168 万千瓦的发电任务做出了重要贡献。

华电山东十里泉电厂 2×66 万千瓦工程

（内容来源：《中国电力报》；作者：马庆洲、徐宗中；故事整理：刘学良）

给了我们一个 24K 的金娃娃

1998 年 11 月 5 日，华能威海电厂二期四号 30 万千瓦机组正式移交电厂试生产，至此，华能威海电厂二期 2×30 万千瓦工程胜利竣工。时任电厂厂长的王寿增专程来到山东电建一公司，高兴地对公司领导说："感谢山东电建一公司送

华能威海电厂工程全景

给了我们一个 24K 的金娃娃。”

事情原委是这样的。

1998 年 3 月 8 日，威海电厂三号机组移交试生产，各项技术指标都达到了全国同类型机组的最好水平，受到了上级领导和华能集团的表扬，但是山东电建一公司上上下下并没有因此满足。山东电建一公司时任副总经理安世亭在项目全体职工大会上提出，四号机组施工质量要赶超三号机组的目标，并向电厂郑重承诺：投产即达标！

投产即达标！这可是开先例之举。在威海电厂建设之前，机组一般通过 168 满负荷试运行后便正式移交电厂了。后来发展为移交投产后，再用半年甚至一年的时间逐步消除设备缺陷、施工不足的地方再达标。公司从哪来的这份自信呢？

自信源于使命。当时，公司对外提出的口号就是“电建铁军，永争第一”。“一切为用户着想”“业主就是上帝”“确保电厂满意”就是“永争第一”的应有之义。公司处处为业主着想，千方百计满足电厂的各项合理要求。在机组安装过程中，公司主动邀请业主给工程挑毛病、找问题、提建议。

华能威海电厂的运行人员在与公司一位职工聊天时，无意中提到三号机组的阀门布置分散，运行操作起来不方便。说者无意，听者有心。该职工立即将此事向公司领导汇报。“业主的需要就是我们的命令。”公司以最快的速度，向设计单位提出了设计变更要求，得到同意后立即在三号机组中将分散的阀门改成了阀门群，集中挂牌，方便了运行操作。

为了方便电厂运行、检修，在制作电缆沟道和盖板的时候，公司职工主动加上了角铁框。这样，在电厂检修的时候碰角和掉棱现象就不会发生。公司职工还用微机打印电缆标识，随着电缆敷设一块挂好，确保准确无误。

在土建施工中，公司职工把目光放在了“鲁班奖”上。在主厂房、汽机基础施工中，本来工地上有一套旧的模板还可以使用，也能满足施工要求，但为了提高工艺质量水平，公司重新采购了新型大模板，浇筑出来的混凝土内实外光、棱角分明。在粉刷墙面时，公司职工把所有的混凝土梁、栓全部用钢丝刷、砂纸打光，再加上大家自觉提高了检验规格，墙面验收标准按规定是用 2 米的靠尺检查，但施工中公司职工改用 3 米的靠尺，干出的活确实漂亮多了。粉刷完后平整如镜，竟然使一位前来参观的专家都认为刷的是高级仿瓷涂料。

自信源于有一套严格的质量保证体系。一公司人除了推行 BG/T 19002—1994 质量保证体系，又制定了《质量管理办法》《施工工艺纪律》等 13 个施工管理办法和程序，目的就是用严密的制度规范施工。针对每项工作都制定了作业指导书和质量检验计划，并且规定每本作业指导书中必须有根治质量通病的措施，增强了作业指导书的可操作性。在四号机组施工中，共制定作业指导书和质量检验计划 741 册，设置质量见证点 4708 个、停工待检点 3061 个，保证工程质量和工艺始终都处于受控状态。

在施工组织上，公司花费了不少工夫，凡是看过华能威海电厂四号机组电缆敷设的人都称赞不已。这完全得益于公司的“五卡一证”。电缆敷设的每一道工序对应一个卡，完成一道工序必须经过自检、技术员检查和质检专工检验签字后才能进入下一道工序。每个接线人员都要经过专业培训，发给上岗证后才能上岗。一般来说，电厂工地的小口径管道和仪表安装没有设计图。但公司突破了这一点，在华能威海电厂的建设过程中，对所有的小管道统一设计布置，专门成立了由质检员和专工组成的小口径管和仪表布置小组，制定标准，精心设计，对走向、弧度、弯曲半径、长度等进行了统一规划。安装工艺水平又上了一个台阶。

山东电建一公司承建华能威海发电厂二期 2×30 万千瓦机组工程荣获中国建筑工程鲁班奖（国家优质工程）

功夫不负有心人。华威电厂四号机组从锅炉首次点火到并网再到 30 万千瓦负荷仅用了 19 个小时，电气试验时间短、汽水品质高、运行工况稳定、启动条件好。整套机组试运行仅用 705 吨燃油。机组的施工质量、工艺水平和各项经济技术指标都达到了 30 万千瓦机组的新水平，成为全国第一个投产即达标的工程。

工程建设如此叫响，以至来这里参观的全国同行络绎不绝，大家都对电厂竖起了大拇指。2000 年，威海电厂二期工程获山东省优质工程“泰山杯”奖、“部优工程”奖和中国建筑工程“鲁班奖”。

这不就是一个“24K 的金娃娃”吗!

（内容来源：《厂长经理报》；故事整理：葛连勇）

电建铁军的“高光时刻”

1985—1990 年，沐浴着改革开放的春风，电建铁军迎来了发展的春天。

山东电建一公司广大干部员工发扬社会主义主人翁精神，顽强拼搏，敢为人先，以“设备到现场，我们说了算；条件不成熟，创造条件也要上”的强烈使命感，先后建成了邹县电厂一号、二号、三号、四号机组和黄台电厂七号、八号机组，实现了 6 年投产 6 台 30 万千瓦大型机组，连续创下了施工速度快、质量优、效益好的崭新电力建设新纪录，书写了电建铁军的“高光时刻”。

1986 年，山东电建一公司获得
水利电力部“电力建设投产工程功臣集体”荣誉

1987 年，山东电建一公司获得国家质量奖
审定委员会颁发的国家质量奖银质奖

6 年时间里，他们一路披荆斩棘、砥砺奋进，力克工期紧、任务重、新技术、新工艺、要求高、设备供货迟、现场消缺多等诸多困难，在邹县拼搏，在黄台战斗，采取“分层调度施工”“施工组织科学化”“张口等设备”“四项费用包干”等多项生产经营先进做法，上下同心、敢拼善战、持续攻坚、克难制胜、安全高效地完成了一项项国家计划，实现了 6 台 30 万千瓦机组均超前完成工期计划，质量优良，高效运转。创造了多项历史最快施工纪录，为我国电力“六五”“七五”战略发展做出卓越贡献。

其间，公司先后被水利电力部、中宣部、国家计委、中华全国总工会、共青团中央、省委省政府授予“电力建设功臣单位”“全国思想政治工作优秀企业”“全国先进集体”“五一劳动奖状”“全国新长征突击队”“省级先进企业”“省级文明单位”等荣誉称号。公司承建的邹县电厂一期工程获国家优质工程银质奖；公司总工程师朱菊儿获得全国劳动模范等多个荣誉，受到了行业内外各级领导的高度赞誉。李鹏、宋平、钱正英等党和国家领导人先后到公司视察，为公司题词，公司实力一再彰显，“铁军”品牌熠熠生辉。这也奠定了公司在我国电力行业的领先地位。

穿过历史的尘烟，让我们回到那个热血沸腾的年代，去见证属于“电建铁军”的无上荣光，去感受百千电建儿女的壮志豪情。

山东电建一公司荣获全国先进企业称号，大家载誉归来

1985 年：坐标邹县唐村

1985 年，对山东电建一公司来说，是一个重要的年份。1 月，水利电力部向山东省电力局、山东电建一公司下达命令：邹县电厂第一台 30 万千瓦机组要年内投产发电。电建职工面临着严峻的考验。

邹县电厂第一台 30 万千瓦机组是国家重点建设项目，是全国“六五”最后一年 500 万千瓦投产发电计划的一部分。按照国家规定，一台 30 万千瓦机组投产发电的合理工期是 34 个月，而现在要完成上级交给的施工任务，满打满算只有 27 个月。更让人头疼的是，60% 的设备尚未到货，而建设安装 30 万千瓦机组又是第一次，怎么办？

全国第一台 30 万千瓦机组（山东邹县电厂）

“干！领导要求我们完成的，我们保证完成。”1 月 4 日，时任公司经理王镇信代表全体职工向省电力局领导立下了务期必成的军令状。

公司不愧拥有一支能打硬仗的队伍。他们拉得出、拼得上。由 77 名骨干组成的 20 多个材料催交组，立即分赴 30 多个设备制造厂家坐催设备。不等过完正月十五，正月初九，公司 3000 多名职工全部提前返回了工地，擂响了设备安装的战鼓。

4 月 22 日，正当施工进入关键时刻，时任国务院副总理李鹏来到了邹县电厂工地，视察建设工程。看到如火如荼的施工现场，他勉励说："一公司的干劲是一贯的，你们的施工进度我们很放心。"他要求作为国产第一台 30 万千瓦机组，年底务必要发电。

时任国务院副总理李鹏的指示迅速传达到每一个职工那里。

公司 6 名领导有 5 名盯在工程上，分兵把口，既是指挥员，又是战斗员。为了干出一个实实在在、不留尾巴的 30 万千瓦机组，全公司落实了 8 个保优项目、7 个攻坚项目、48 个创优项目，并层层落实到各个施工处和班组。

广大干部职工每天工作近 12 个小时，做到当天任务当天完成，工程验收一项就合格一项。科室人员组成了一支猛冲敢打的预备队，主动承担了敷设电缆、安装钢球等施工任务。

正是这样一个坚强的领导班子，带领这样一支过硬的队伍，发扬"早发一天电就是节约 12 万元"的国家主人翁精神，以"设备到了工地，我们说了算"的紧迫感和使命感，完成了一个个看似不可能完成的任务：一号水塔提前 10 天达到通水条件；烟囱提前 15 天达到通烟条件；锅炉提前 3 天封门；汽轮机、发电机分别提前 5 天和 15 天安装完毕；化学水处理室提前 3 天送出了合格的软化水；电气倒送电和锅炉水压试验均一次成功，18000 多道高温高压焊口无一泄漏；分部试运转和点火冲管如期进行……电建英雄们在邹县电厂工地抢出了时间、拼出了质量，创造了一流的工作成绩。

12 月 2 日 14 时 25 分，邹县电厂第一台 30 万千瓦机组满负荷 72 小时试运结束，创出了全国第一台 30 万千瓦机组 26 个月投产发电的新纪录。水利电力部等领导纷纷发来贺电，盛赞铁军速度、铁军精神。

乘胜追击，1986—1987 年，公司又先后以一年一台的速度高质量完成了邹县二号、三号、四号 30 万千瓦机组的建设任务，装机容量达 120 万千瓦，占省内同期装机总量的 50% 以上。四台机组的建设工期比国家计划缩短 20 个月，创全国同类机组安装速度最快纪录。

公司工程优良率达到 100%，发电机组投产后第一年设备利用率在 6000 小时以上。其中，邹县电厂一期工程获国家优质工程奖银质奖。

4 年中，公司累计完成产值总额达 3 亿多元，实现利润 1782.52 万元。

1990 年：坐标黄台

1988 年 11 月 20 日，山东电建一公司在济南黄台电厂扩建工地上下了破土动工的第一根桩。经过一年多的艰苦奋战，已完成土建施工工作，至关重要的设备安装大战在即。

20 世纪 80 年代山东黄台电厂一角

黄台电厂八号 30 万千瓦机组扩建工程是一项浩大的现代化工程。工程动用土石方和混凝土达 38 万立方米，共运进大小设备 701 车皮，达 1.6 万台件。敷设电力电缆 570 千米，相当于从济南到北京的距离。一个个数据向我们说明，这无疑是一个难啃的硬骨头、一个难以攻克的战斗堡垒。

此时，正值公司抽调近 1/4 专业技术骨干远征大亚湾核电站建设时期。一边是人员减少而工程量大，人员素质低而技术复杂，工程紧而设备材料双拖期，施工需要集中力量而又点多面广战线长。另一边是国家能源局要求 1990 年底务期必成，确保完成全国 800 万千瓦机组投产计划的生产任务书。1990 年是国家

“七五”计划的最后一年，能不能投产发电，关系到国家“七五”计划的实现。面对双重压力，公司全员感到从未有过的压力和重担劈头而来。

1990 年底，满打满算总安装工期仅有 25 个月，年内能否发电？公司 6 年投产 6 台 30 万千瓦机组的奋斗目标到底能否实现？

在这种严峻的形势面前，公司领导一班人思想上没有动摇。1989 年底，他们从邹县转战黄台，春节过后，公司提前召开职工代表大会，300 多名职工代表和先进人物同公司领导一起分析面临的种种困难，讨论克服困难的措施，分析上级领导要求八号机组务期必成的形势，增强广大职工克服困难和争取胜利的信心。

在多次热烈讨论之后，员工的思想逐步统一。大家说：“公司已经连续 5 年投产 5 台 30 万千瓦机组了，哪一台没有困难，现在到了最后一台了，哪怕困难再大，也要保证年内投产。”“我们山东电建一公司从来没有完不成国家计划的习惯，只有顽强拼搏克服困难的传统！”时任公司经理钱遵培的话更是让人信心百倍。

员工思想统一、目标一致了，干劲也空前高涨。

为弥补专业技术力量的严重不足，确保施工质量，公司未雨绸缪，笨鸟先飞。1988 年 9 月，抽调 20 名锅炉专业施工技术人员赶赴黄台，历时 3 个月，编制出了锅炉施工组织设计，为黄台八号机组的施工做足技术上的准备。1990 年初，公司又根据上级单位对黄台八号机组控制工期的要求，编制出各阶段施工的控制目标，同时以职代会、专业会的形式对施工计划进行广泛讨论，最终审核、平衡，形成科学详细的分项施工计划，并结合经济责任制的考核承包，逐步将各项计划落实到工地、班组和个人。

面对锅炉汽包、汽轮机设备的严重拖期，公司成立多支青年突击队，对影响面大的工程项目发起突击，拼抢进度，重点推进。1990 年 6 月 24 日，锅炉汽包运至工地后，由公司统一组织各种突击，从汽包卸车到吊装就位，仅用了 19 小时，创出了公司汽包吊装最快纪录。

公司锅炉施工处根据施工各阶段的关键节点要求，及时组织突击。年初，钢架吊装是重点，便把本体、辅机班的员工抽调上去干钢架；中期，大件吊装是关键，便安排辅机、钢架力量的员工支援本体；到了最后，锅炉辅机急需要突击，又让钢架、本体的员工一齐干辅机，做到了人员、机具的合理调度，保证了各项工作顺利进行。

同时，为大力推进工程建设进度，公司各施工区域主动打破工种界限，灵活安排施工，把能干的工作抢在前面。由于汽机工地的主辅机设备普遍推迟交货，便组织本体、发电机、辅机班等班组员工一起抢管道。支吊架没有，便想方设法先用“葫芦”把管道挂在预定位置，等支吊架来了之后再换。在设备未全面到货之前，抢装了 50% 的管道工作量，为完成任务争取了主动。

电气工地仅各类电缆就有 58 千米，为了保证任务完成，公司力克设备到货迟和机务工作影响大，把各项工作落实到人，每天组织检查。有些员工怕完不成当天任务，早上 5 点多就赶到工地，一直干到晚上 10 点多，做到当日事当日毕。

八号机组安装高峰正值酷暑。当省城济南的许多机关、工厂实行 7 小时工作制的时候，黄台八号机组的建设者们却不分昼夜地加班工作。公司领导班子成员以身作则，带头实干，施工伊始就轮流值班，做到只要工地上有员工，就有领导在现场。锅炉汽包运到工地后，公司有 4 位领导靠在吊装上，员工连续工作 20 小时，领导干部仍是最后一个离开现场。机组建设进入高峰以后，领导干部拿着牙刷、毛巾靠在工地上，吃住都在工地上，有时一连几天都不回家。

时任公司经理钱遵培去上海催设备，路过家门而不入，匆匆返回了工地。时任副经理葛永吉，不顾自己年事已高，还是和年轻同志一样干，他因上火牙痛，面颊肿得老高，照样没休息一天，坚持在工地上。时任副经理左国祥身体较弱，也是没白没黑地待在现场，带领员工抢工期。

领导一力向前，职工无不紧随其上。人心齐泰山移，没有什么困难能压垮这支威名赫赫的铁军之师。1990 年 12 月 18 日，黄台电厂八号 30 万千瓦机组投产发电，移交电厂试生产，比计划工期提前了 6 个月。

1985—1990 年：坐标工地

“干活就得有干活的样，汗珠子掉在铁板上也得敲出个响。”

多年后，仍然流传着那个火热的黄金时代老一辈电建人的感人故事：

在 30 万千瓦机组建设现场，刚做了癌症手术的公司总工程师朱菊儿身体越来越差，旧病未愈，肝脏又出了毛病，医生给她开了 10 瓶吊针，她只打了一瓶，工地医院就再也见不到她的身影了。她说打一针要费 3 个小时啊，工程正紧，哪里有那么多的时间！她一心想着工程，竟牺牲掉治病时间。

综合试验室主任张忠奎身体较弱，在关键时刻却和小伙子一样扛仪器爬锅炉，主动承担损害身体最严重的 X 射线探伤工作。电气施工主任侯作新在工地上常常几天几夜不回家，累了找张连椅躺一会儿，醒了就和职工一起并肩大干。拼命三郎汽机施工处主任张永江，在组织汽轮机扣缸、穿转子等重大节点工程时，同施工人员一起日夜不休地解决现场问题，推进节点进度，直到完成安装任务。

汽轮机扣缸施工场景

为了投产 30 万千瓦机组，员工刘文海的祖父病危，他因为是班长，工作忙没有回去，祖父病故，家中打来电报他也没有回去，儿子在外工作摔伤了，需要人照料，他还是没有回去看一眼。锅炉工地李博柱父亲病瘫在床，母亲又摔骨折卧床不起，作为独生子的李博柱只用 3 天时间安排好父母，便一心扑在工程上。风华正茂的化水设备安装突击队长索华成，率领 18 名青年小伙跳进溶有微量盐酸的中和池，抢修排水泵。为了团中央确定的青年工程——邹县一号机 30 万千瓦机组化学水设备安装，他们白天干了晚上干，在离出水时间只有 10 来天的时候，却发现因中和池排水泵故障导致 70 吨树脂无法填入混床，而解决办法只有下到池里排除故障。面对身体的伤害，他们没有犹豫，在水中拼搏了4个多小时，皮肤被浸泡得疼痛发痒，他们就跳上来用自来水一冲，再下去。轮番作战，终于修复了水泵，确保了安装任务完成，成为工地最早交付使用的工程项目。

20世纪90年代后，面对纷繁复杂的国内外经济形势，公司党委始终秉承“拼搏奉献、创新超越”的铁军精神，带领广大干部员工，勇于创新、大胆求变、砥砺奋进、开拓进取，几经蜕变，已形成“3+N”业务发展格局，正向着建设管理技术型、经济效益型的国际知名工程公司阔步前进。

回首以往光辉岁月，那些人那些事，仍让我们感动、感叹、敬佩。

致敬电建铁军前辈们！

（内容来源：《山东电建一公司史志》；故事整理：杨开）

虎将雄风张永江

在山东电建一公司 70 年发展史上，先后涌现了两位全国劳动模范，张永江便是其中之一。

张永江在工作现场

一

张永江 1970 年进厂，被分配到汽机施工处管道班。17 岁的他风华正茂，踌踌满志，有一股不服输的劲头。学徒 3 年，他爬高空、抡大锤，什么活都抢着干。下了班，只有初中文化的他，靠着一股坚韧不拔的拼劲和强烈的求知欲，不知疲倦地沉浸在书籍与图纸的海洋里。

凭借常人难以想象的毅力，张永江在同龄人中很快崭露头角，从管道工人到发电机班长，再到本体班长，多岗位的历练使他成了一名汽轮发电机安装的行家里手。

1990 年，37 岁的张永江当上了汽机施工处主任。其后 7 年，他带领汽机施工处干部员工在技术力量不足、施工任务重、技术要求高的情况下，抓管理促生产，攻技术保发电，先后完成了黄台八号 30 万千瓦机组、菏泽电厂一期、烟台开发区电厂、威海电厂一期、邹县三期两台 60 万千瓦机组等十几台机组的安装任务。

张永江也因工作中的出色表现，于 1990 年获评能源部劳动模范、1995 年获评全国劳动模范，1997 年被任命为山东电建一公司工会主席。2000 年，张永江调至山东鲁能来宾公司，后又到山东电建二公司任总经理，直到退休。

二

山东电建一公司历来不缺高学历的大学毕业生，而只有初中文化的张永江是如何脱颖而出并成为全国劳动模范，继而走上企业管理之路的呢?

1990 年，在一线摸爬滚打 20 年、年富力强的张永江当上了汽机施工处主任后，豪情满怀、激情满满，一心要把汽机队带成一支令人瞩目的团队。

一方面，1988 年底，汽机施工处有 30 多名技术骨干被抽调去支援大亚湾核电站建设，汽机安装技术力量严重不足。另一方面，1990 年黄台电厂第二台 30 万千瓦机组要求 11 月 20 日总启动，工期紧任务重，而汽机的主机设备及四大管材拖了 3 个月还迟迟不到货。

疾风知劲草，天寒识松韧。在重重困难面前，张永江担当勇为，将“三定”“五落实”的经济责任制承包到班组，即每一项施工，定人定量定时间，做到各项工序落实有人负责、有人监督、有人反馈，施工质量有人考核并与奖金挂钩。将人的主动性激发到最大，以最大限度弥补人员的不足。

面对主机设备迟迟不到的情况，他带领汽机施工处员工不等不靠，主动作为，主机没来就先干辅机；支吊架没到就先用专用工具将管道挂起；高温加热器到货晚，就抢装连接管子，做到“张口等设备”。

仅这几项施工方法的改进，就抢出了一个多月的工期。机组投产的日期一天天逼近的关键时刻，意想不到的事情发生了——八号机组抗燃油泵在调试中“卡死”，制造厂家对此束手无策。

张永江果断提出“打开燃油泵，将内部改换为离心泵”。虽然这样做具有相当大的风险，但他带领几名员工连续 36 个小时扑在现场，一日三餐吃在工地，实在困极了，就在旁边的连椅上打个盹儿。当这台燃油泵试转成功时，双眼红肿的张永江孩子似的笑了。

在任汽机施工处主任的 7 年时间里，人们已记不清楚张永江率队打过多少场硬仗，攻克过多少个安装难题。在汽机安装施工的每一个困难时刻、关键阶段，他都在。

三

1991 年 9 月 10 日，菏泽电厂一号机计划汽机扣缸。9 月 7 日，汽机施工处承担扣缸任务的员工发现汽轮机高压缸上缸的中分面螺孔镗偏，不得不拉回上海的制造厂家重新镗正，9 月 10 日下午从上海拉回。9 月 11 日清晨，施工现场便传来汽机胜利扣缸的好消息。身为主任的张永江和本体班的员工一起连续 26 个小时坚守在现场，协调指挥扣缸过程中遇到的资源问题，及时解决节点推进过程中遇到的技术难题。没有人知道，当时的张永江感冒发烧，身体极度不适，几次差点晕倒在现场。

1993 年 9 月，威海电厂一期工程的关键项目——海水泵的安装任务重重地落在汽机施工处。海水泵安装工程量大，设备装置大都在距地面 10 米、距地面 20 米的深处，而且泵房的主要设备必须同时安装，施工非常困难。常规需要安装 3 个月，但由于土建受外界因素的影响，一直拖到 9 月才交付安装，致使安装工期压缩为 1 个月。

这时，离上级单位要求的机组总启动目标仅剩 60 天时间。在这紧急关头，身为汽机施工处主任的张永江率领 70 多名精兵强将展开了一场设备安装的攻坚战。参战的 4 个班组各负其责、分工到人、相互竞赛，为了确保工期，每天工作达 16 小时，连续奋战 40 天，圆满完成了 15 台泵、14 套设备及 450 米管道的安装任务。就靠着这股拼劲，他们硬是抢在机组总启动的前夕，啃下了这块“硬骨头”。

张永江关键时刻冲在前、干在先，为汽机施工处全体干部员工树立了良好榜样，也奠定了这支队伍能拼善战、敢打硬仗的铁军本色。

四

1995 年，张永江被评为全国劳动模范后载誉而归

爱学习、勤思考是张永江的特点。

走上领导岗位后，张永江把更多的精力放在了现代化管理上。他结合学习到的现代管理知识，推陈出新，抓制度建设，在汽机施工处制定并实施了 19 个方面 68 项管理制度，建立了本处自己的技术、质量、安全资料库，并在全公司率

先推行了数据微机管理，使汽机施工处内部管理工作一步步走上规范化。抓现代工程施工，他带领施工处员工学习吸收山东核电公司的先进施工方法，严格执行文件管理制度，认真编制施工作业指导书，由传统施工的事后把关变为事前指导、事中督导、事后检查，使工程质量始终处于受控状态；抓文明施工，他针对工程现场脏、乱、差，影响工程正常施工的实际，实行了设备材料“三集一定”的管理办法，要求班组技术员在开工前根据班组的实际需要确定领料下料的统一计划，由施工处综合班集中领料、集中下料、集中运到厂房，并预留出安全通道，定点存放，保证工程建设有条不紊；抓提高员工素质，他积极推行现场培训，在安装现场做指导示范，让员工在干中学、学中干。

张永江是一个严谨的管理者。他把管理分解成两个目标；一是提高工程质量，二是保证施工安全。如在威海工程施工中，为了抢进度，负责凝汽器钛管安装的员工没有按照规定的工序施工，张永江知道后，马上命令其停工。又如邹县电厂三期工程开工那年，汽机施工处发生了一起小型机械损坏事故，闻讯赶到事故现场的张永江，马上责令停工，事故处理一切按“三不放过”原则实行。事故虽然不大，但张永江还是给予事故责任者严厉的处罚，而在上报公司的事故处理报告上，赫然写着“张永江，事故领导责任者，罚款 100 元”。

（内容来源：《山东电力报》；作者：徐宗忠；故事整理：杨开）

挥师大亚湾

中国南海，大亚湾畔，有这样一座大型现代化能源基地，自 20 世纪 90 年代投产以来，它一直以安全可靠的运行记录，为珠三角地区的繁荣发展提供着源源不断的清洁能源，这就是世界著名的大亚湾核电站。

大亚湾核电站全景

那么，山东电建一公司与大亚湾又有着怎样的情缘呢？

1978 年，我国改革开放按下了启动键。改革开放后，珠三角地区的经济建设如火如荼，电力供应却拖了后腿，毗邻深圳的香港电力资源同样紧张。广东缺资金、香港缺厂址，双方一拍即合，决定在广东靠近香港的地方建设核电站。

1985 年 1 月 18 日，广东核电合营合同签字仪式在北京人民大会堂举行。这个项目也成为当时国内最大的合资项目，项目投资总规模为 40 亿美元。其中，4 亿美元为股金，36 亿美元向欧洲国家贷款。广东核电投资有限公司占股 75%，全部由中国银行担保贷款；香港核电投资有限公司占股 25%。在当时，这无疑是一个巨大的创举。

正当大亚湾核电站的筹建工作顺利推进时，1986 年 4 月 26 日凌晨，苏联发生了切尔诺贝利核电站事故。受此影响，“恐核”情绪波及香港，由民间团体组成的“争取停建大亚湾核电厂联席会议”发表了据称有 102 万人签名的公开信，要求停建大亚湾核电厂。“反核”风波声势浩大，刚刚起步的大亚湾核电站面临夭折的危机。

事态紧急，时任国务院副总理的李鹏同志立即将这一情况报告邓小平同志。邓小平同志说，中央领导对建设大亚湾核电站的计划没有改变，也不会改变，中央充分注意核电站的安全问题。1986年7月11日，邓小平同志再次指示：“建核电站不能改变。”

随后，李鹏同志召集核工业部、外交部、港澳办等有关部门按照邓小平同志的指示部署应对工作。在中央及国务院的正确决策和广东核电合营双方共同努力下，到1986年9月下旬，这场风波逐渐得到化解。

大亚湾核电站全面引进法国技术，在核电站建设初期，大部分工程技术职位，以及生产、运营、管理等职位，都是由外国专家担任的。为了使他们能安心工作，方便中方专家与外国专家交流沟通，相关部门在大亚湾核电站里建设了“专家村”。当时“专家村”里外国人的密度仅次于北京的使馆区，最多的时候，有来自法国、英国、美国、日本等国家和地区的1000余名专家聚集于此，这里也被称为中国南方的“小联合国”。

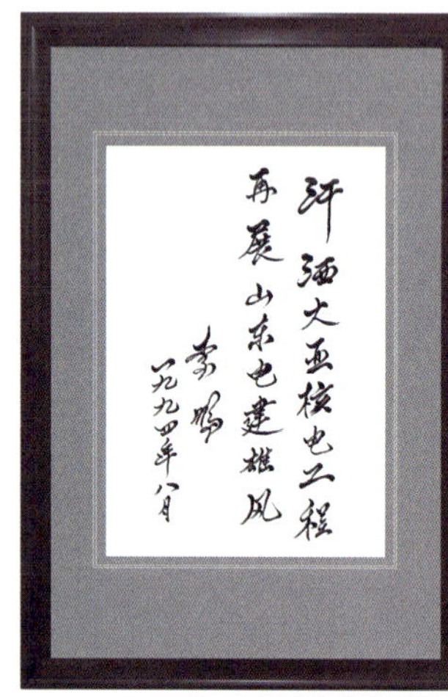

1994年8月，时任国务院总理李鹏同志视察大亚湾核电工程时题词：“汗洒大亚核电工程　再展山东电建雄风”

“中国人在自己土地上建核电站，中国人必须参与进来，让山东的队伍来。”时任国务院副总理李鹏同志向中央建议。

自1979年4月起，李鹏同志先后担任过电力工业部副部长、党组成员兼华北电业管理局党组书记，电力工业部部长、党组书记，水利电力部副部长、党组副书记。他对山东省电力非常了解，知道山东省拥有一支能打硬仗的铁军队伍。

山东省电力局认为，大亚湾核电工程是国际工程，事关国家荣誉，国家领导人与电力部点名要山东省参加竞标，是对山东省的莫大信任和鼓励，决不能砸了山东省电建铁军的牌子。

山东省电力局果断决策，以山东电建一公司为主体，抽调全系统最精干力量，组建山东核电公司，并任命山东电建一公司主要领导王镇信、王世瑜出任山东核电公司总经理和党委书记，全力以赴干好大亚湾核电工程。

国外专家研究施工图纸

1986年，山东核电公司总经理王镇信与广东合营公司总经理昝云龙正式签署常规岛安装协议，同年底，这支英勇善战的电建铁军在“两王”的带领下，正式挥师大亚湾，开启了改革开放初期的第一次远征。

1987年8月，在大亚湾核电站一号核岛的基坑旁，搭起了一个临时工棚，开工典礼就在这一片黄土上进行。

当时的财务模式90%是出口信贷，从核心设备到电话、时钟、地砖，必须要买对方的东西，因进口设备、材料量大，距离大亚湾核电站40千米的深圳沙头角海关特意派工作人员常驻大亚湾办公。

然而，人们看得见的是进口设备和外国面孔，看不见的是外来管理理念。

常规岛管道安装时，供货商提供的螺丝缺了一个，施工人员好心从自己的工具箱中找到一个给配上，被现场的法国人看到后，提出了一连串的疑问——螺丝厂家是哪的？做没做过实验？受力计算过没有？接着就发了个质量监督缺陷报告（不符合项）。

大亚湾核电站一角

在汽轮机凝汽器穿钛管时，为了赶工期，山东核电公司在现场组织开展劳动竞赛，红旗飘飘、锣鼓喧天，后勤把饭菜也送到现场。法国人看到后很生气，勒令其通通撤走。因为在现场吃饭会引来老鼠，老鼠一旦钻到管子里就会把管子堵住，这叫“不明异物”，又是一个质量监督缺陷报告（不符合项）。

在施工现场连续受挫，这让一直站在国内领奖台上的山东核电一公司人猛然醒悟了。他们深深意识到，大亚湾核电站绝非一般工程，而是重要的政治工程，事关国家的信誉与山东省电力的信誉。他们提出了“干好核电站，为山东电力争光，为山东人民争光，为中国人民争光”的口号，要求必须改变传统施工习惯，严格按程序要求施工，公司上下迅速掀起一股学习程序、运用程序的热潮。

山东核电公司总经理王镇信感慨地说：“从干30万到干100万，从干国内工程到干国际工程，我们就像小学生上大学，硬是啃下了这块‘硬骨头’。”

1991年10月13日，时任国务院总理的李鹏同志第九次到大亚湾视察。走在常规岛施工现场，他指出无论是施工进度，还是施工质量，“山东电建”都堪称一支好队伍。

其间，国际原子能机构及美国、德国、日本等十国核电专家对大亚湾核电站建设进行了全面评审，结论是：主承包商质量控制和施工作业方面均达到国际标准。他们认为，大亚湾核电工程拥有一支国际性、忠于职守、富有经验的管理队伍和施工队伍，这支队伍完全可以完成艰难的工程建设任务。

1994年2月，历经7年建设，大亚湾核电站一号机组正式投入商运，我国商业核电发展翻开了新的一页。2月9日，正值除夕，李鹏同志向邓小平同志报告了大亚湾核电站一号机组正式投产的消息。邓小平同志在上海得悉这一喜讯后非常高兴，请李鹏同志转达了他的祝贺。

这份祝贺，给参与大亚湾核电工程的建设者们带来了巨大的鼓舞。

1994年，大亚湾核电站建成当年就获得美国《世界电力》杂志评选出的世界电站大奖，真正实现了“为山东电力争光、为山东人民争光、为中国人民争光”的目标。

建成后的大亚湾核电站，75%的电力供应香港，25%的电力供应内地，电力销售收入主要是外汇，对偿还外债非常有利。此外，大亚湾核电站还建有配套的广州从化抽水蓄能电站，大幅度增加了高峰电出力，且一直安全高效运行，保证了企业良好的经济效益。此后，大亚湾核电站运行15年，每年实现利润50亿元人民币，并且按照出口信贷合同履约安排，按时还清全部外债本金和利息共计53亿美元，双方股东也获得了丰厚的利润回报。

大亚湾核电站作为我国大陆首座大型商用核电站，不仅见证了改革开放的不易和成绩，也见证了我国核电从引进、消化、吸收到自主创新的砥砺之路。

大亚湾核电站荣获 1994 年美国《世界电力》杂志世界电站大奖

正是参与了大亚湾核电工程建设，让素有电建铁军美誉的山东电建一公司，在改革开放初期就能够推窗望海，走向开放，进而拥抱更广阔的世界。

（内容来源：人民网；故事整理：刘学良）

四个凡事

企业管理是对企业生产经营活动进行计划、组织、指挥、协调和控制等一系列活动的总称，是社会化大生产的客观要求。

“四个凡事”的管理思想曾被山东省电力人称为管理法宝、管理经典，人人耳熟能详，影响极为深远。

我国第一座大型商用核电站——大亚湾核电站全景

那么“四个凡事”的具体内容是什么，这一管理思想又是怎么来的呢？

1986 年，大亚湾核电站常规岛安装合同签订后，大批施工人员赶赴现场。为一举改变现场职工传统施工习惯，积极适应大亚湾核电站工程管理模式，经历过“凤凰涅槃”后的山东电建一公司在主动学习国外程序化管理的基础上，对核电站建设经验进行了总结提炼。

大亚湾核电站汽轮发电机主厂房

“四个凡事”是一个完整的管理体系，其核心内容包括：凡事有人负责、凡事有章可循、凡事有人监督、凡事有据可查。还包括“四个合格”：由合格的人员依据合格的程序，使用合格的装备，达到合格的工程质量；“十五字”方针：按系统、分层次、依等级、程序化、责任制。

“凡事有人负责”就是凡参与核电建设、从事对质量有影响活动的承包商及其所在部门，必须建立严密且层次分明的组织机构和质保体系，明确规定各部门的职责权限以及内部的联络渠道、通信和工作接口，实行严格的责任制；“凡事有章可循”就是所有对质量有影响的活动都必须执行经业主批准的文件，如图纸、标准、规范、质保大纲、质保程序、质量计划、工作程序等；“凡事有人监督”就是对从事的所有质量活动，必须有独立的质量保证、质量控制机构和人员来进行监督与控制，预防问题的发生；“凡事有据可查”就是所有对质量有影响的活动必须有真实可信的记录，在安装结束状态报告中完整移交给业主。

“四个合格”中，“合格的人员”就是按核安全导则规定，担负领导责任的人员、质量保证和质量控制人员，部门负责人、专业技术人员必须具备相应的学历教育水平、专业知识及相关工作岗位的实际工作经验，参加核电建设的人员都必须经过培训、考试、持证、上岗，对质保、质控人员以及特殊工种均须持专门批准的资格证书上岗；“合格的程序”就是所有的程序均按合同规定并经业主批准；“合格的装备”就是安装使用的所有机械、工器具均有出厂证书，并经业主批准的计量单位标定合格；“合格的工程质量”就是工作的最终目标是使工程质量达到核安全所要求的主标准，让业主满意，让社会公众放心。

“十五字”方针中，“按系统”就是把全部程序按其分类列出一个清单，分成质量保证系统、行政经营系统、施工系统，确定程序主责部门、程序协同部门和程序监督部门；“分层次”就是执行的程序要分出决策层、管理层、操作层等层次，共同形成完整的上下管理功能；“依等级”就是按照质保的四个等级，即质保一级、二级、三级及无质保要求级，执行不同的程序；“程序化”是指做任何工作都有“程序”“文件”作依据，各项工作开展不执行口头指令，不是请示领导或以过去的“经验”“习惯”办事，而是必须有相应的文件依据；执行程序的核心是“责任制”，责任制是执行程序的基础，即凡事有人负责。

为把“四个凡事”的经验推广到整个山东省电力系统，1991 年和 1992 年春节期间，山东组织全省电力系统在深圳召开现代化管理研讨会，学习大亚湾核电建设先进管理经验，推进了各级领导解放思想、转变观念，让大家认识到了什么是市场经济，什么是国际惯例，什么是国际管理模式，进而带动整个电力系统现代化管理提升，推动企业管理向标准化、规范化、程序化迈进。

如今，“四个凡事”作为核电工程建设最宝贵的管理经验被广泛应用和传承，同时也在其他行业被发扬光大，推动我国企业管理发生革命性变化。

（内容来源：《山东电力报》；故事整理：刘学良）

叁

市场弄潮

进入市场经济后，一公司人主动“走出去”闯市场——北上内蒙古、北京，南下福建、广西，西进新疆、宁夏；走进印度、挺进巴西，国际化、多元化发展的道路越走越阔，其间一公司一路凯歌高奏，承建的工程荣获两个国家金奖和三个鲁班奖，市场优势和品牌优势提升到一个新高度。

拿到打开市场之门“金钥匙”

过了古稀之年的孟庆义依然精神矍铄，说起在电力建设一线摸爬滚打 40 多年的经历，一桩桩一件件，如数家珍。

孟庆义在山东电建一公司当过工人、技术员、班长、锅炉施工处主任、工程部主任、副总工程师、总工程师。经历丰富且艰辛，最令他难忘的当数邹县电厂三期工程。当时他是工程部主任，从工程施工计划制订到移交，每一个工程节点所经历的点点滴滴，他都印象深刻。

中国企业新纪录

证书

经中国企业新纪录审定委员会
一九九八年 四月十九日审定
山东电力建设第一工程公司承担的邹县发电厂一台60万千瓦机组工程，从1993年11月25日开工，到1997年1月7日移交生产，建设工期37个月，为全国60万千瓦火电机组工程工期最短纪录。

一九九八年四月二十七日

中国企业新纪录证书（1988 年邹县电厂三期工程获工期最短纪录）

邹县电厂三期工程

邹县电厂三期工程总投资为 65.37 亿元。其中，五号机组是山东省有史以来建设的第一台 60 万千瓦机组，因而被称为“山东电力第一机”。机组主要设备是用世界银行贷款，分岛国际招标采购：锅炉由美国福斯特惠勒公司设计生产；汽轮机由中国东方汽轮机厂和日本日立公司联合设计制造；还有瑞士、德国、意大利等国家的设备。可以说汇集了当时世界上最优秀的设备和 90 年代初期的国际先进技术。并且，当前工程结束后，就要实行市场经济了，不能靠上级给工程了，能不能拿到工程，得凭本事了。

出于对市场前景的深谋远虑，山东电建一公司党委提出了创建自己的“名牌工程”“干精品工程，创精品机组”。

因为寄予厚望，所以全力以赴。既然是“国际工程”，当然要实行国际化管理。1995 年，山东电建一公司率先在全省同行业中取得 GB/T19002 质量体系认证。

为此，公司编制了十几万字的《质量保证手册》，健全了 34 项管理制度，制定了 43 个工作标准，建立了全国电力系统独一无二的一级金属、土建综合试验室，并为所有的管理施工部门配备了微机，增强了工程管理的科学性、规范性。

为适应现代化管理模式，公司先后派出 120 余名技术骨干到日本、美国等国培训，派管理技术人员到全国大专院校学习深造，邀请各方面的专家来公司讲课，公司教育培训中心多层次、多形式地举办了计算机、英语和各种专业培训班，培训员工达 3600 人次，职工素质明显提高。据不完全统计，在邹县电厂三期工程建设中，公司先后投入技术开发资金 3000 万元，实施职工合理化建议 1600 余条，采用新技术 140 项，完成科技攻关项目 48 个。邹县电厂三期工程可以说是集新工艺、新技术、新成果于一体。

山东电建一公司承建的邹县电厂三期工程 2×60 万千瓦机组
荣获中国建筑工程鲁班奖（国家优质工程）

质量通病历来是工程施工的顽症。为了创建“精品机组”，实现工程质量的全面提高，公司决定狠抓质量通病，先后召开了土建、电缆敷设、接线、保温、小口径管道安装和技术软件管理等 6 个治理质量通病专题会，汇编出版了《治理质量通病手册》。

1997 年 4 月 12 日，公司一个工人发现从意大利进口的瓷瓶上有一道细小的裂纹。施工处立即对这种用于 6000 伏共箱母线的 2700 余只绝缘瓷瓶进行彻底检查，共发现 150 多个瓷瓶存在不同程度的裂纹。把这些瓷瓶装上去，就会留下事故隐患，而更换瓷瓶，光生产就要 3 个月的时间，极有可能延误工期，面临罚款。

公司两难了。

“无论如何也要更换瓷瓶，保证工程质量。”公司领导班子一声令下。他们采用临时送电的措施，保证了如期实现工程进度。最终，瓷瓶全部更换，公司虽损失了一些利润，但质量保证了，工期也没耽误。

数载栽培，一朝花开。

严格的管理加铁军精神，使公司的“精品战略”在邹县电厂三期工地上结出了丰硕的果实。

1997 年 1 月 17 日，五号机组移交试生产；1997 年 11 月 5 日，六号机组投产发电，邹县电厂三期工程胜利竣工。整个工程总工期为 47 个月零 10 天，比国家额定工期提前了 17 个月零 20 天，安装速度在国内外同类型机组均居领先水平。

1997 年 10 月 2 日，邹县电厂三期工程五号机组成为全国第一台达标投产的 60 万千瓦机组。

1999 年 12 月 16 日，邹县电厂三期工程（2×60 万千瓦机组）荣获我国建筑业最高奖——鲁班奖。

邹县电厂三期工程声名远播，国家电力部门专门在邹县工地召开现场会议，学习推广邹县三期工程建设经验。公司拿奖拿到手软，也真正拿到了通向市场的“金钥匙”。

全国电力现场会

此后，山东电建一公司走向了市场，并在市场竞争中屡屡获胜。先后密集中标了山东里彦电厂 2×20 万千瓦机组工程、广西来宾 B 电厂 2×36 万千瓦机组工程、菏泽电厂 2×30 万千瓦机组工程，还在全国电力建设行业中第一个走出国门，承担了印度 Malco 电厂的施工，并在印度市场深耕了近 20 年。

（内容来源：《山东电力报》；故事整理：葛连勇）

“铁军”接轨

敢打硬仗、能打硬仗、善打硬仗的山东电建一公司，被称为我国电力行业的一支“铁军”。这里介绍的是他们在市场经济大潮中如何与国际惯例“接轨”的故事。

放下架子，严格按合同办事

1998 年初，山东电建一公司中标广西来宾 B 电厂的安装工程。来宾 B 电厂工程是我国电力建设行业第一个真正意义上的 BOT（建设—运营—移交）融资项目，也是国际上通用的合同管理模式。为了最大限度地降低风险，项目管理甚至

国内第一个规范化 BOT 项目，广西来宾 B 电厂设备安装合同签字仪式在北京举行

比国际惯例还要严苛。来宾工程的业主和施工总承包方都是法国的亚义赛（AEC）公司，山东电建一公司是安装分包商。从合同关系上讲，山东电建一公司只是 AEC 公司的“打工仔”。AEC 公司的管理一切以合同为准绳，谁违反合同，谁就要承担责任。

由于不习惯合同管理，山东电建一公司起初吃了不少苦头。

有的工人不按程序施工被逐出现场。以前，焊工在干活时，只要随身佩带焊工合格证就可上岗操作，个别人员甚至连焊工证也不带，因为质检人员都是自己的熟人。可在这里，外国人根本不认这一套。在现场焊接作业，不管认识不认识，必须持有焊工证，而且还要随身携带《施工程序》。有一次，两名焊工就因作业时忘带《施工程序》而被赶了出来。

来宾 B 电厂工程刚开始时，很多员工不清楚要按合同规范自己的行为，仍然遵循老方式进行施工、管理，结果经常碰壁。例如，在锅炉钢结构开始吊装不久，施工人员发现地脚螺栓基础与锅炉斜撑矛盾。根据合同，此项修复工作属额外工作，AEC 公司应向山东电建一公司支付额外费用，但当时因为员工的合同意识淡薄，就稀里糊涂地给修复了，由于没有买方额外工作申请单的签证，干了也等于白干。

还有一次，在水冷壁吊装中，吊装孔设计得比较薄，施工人员为了增加保险系数，忘了“不允许在业主提供设备上随便动用火焊”的合同规定。自己动用火焊做了加厚，结果受到 AEC 公司的警告。

国际工程管理的真谛就是全过程的合同管理。在来宾 B 电厂工程建设中，没有什么红头文件，合同就是“圣经”，就是法律。

在碰了一连串的“钉子”之后，山东电建一公司领导们终于解开了思想疙瘩：“以前在管手下的包工队时，包工队都能接受，为什么别人管自己时就接受不了呢！”于是，他们利用各种场合不厌其烦地告诫全体员工：“要牢牢记住我们是打工者，AEC 公司才是大老板，要想与国际惯例接轨，就得放下架子老老实实地严格按合同办事。”

“加强合同性，工作无不胜。”严酷的现实使山东电建一公司认识到用合同语言说话的重要性。项目经理带领合同部人员专程赶赴广州，向原沙角 C 厂广东火电项目经理请教合同管理经验，带回了大量有参考价值的管理程序。同时，多次聘请曾参加大亚湾核电站建设的山东核电集团的专家来工地传授合同管理经验，讲解“菲迪克”条款，并在工作中随时随地向 AEC 公司的管理人员取经索宝。

山东电建一公司奏响了合同管理三部曲。第一，熟悉合同文本。他们把整个合同贯穿起来，全面了解合同中规定的权利和义务，从而对合同有了一个完整的认识。第二，吃透合同精神。他们咬文嚼字地钻研合同，从中找出对自己有利和不利的条款，提高驾驭合同的能力。第三，分解合同条款。他们把合同中的有关条款分解到有关部门，并通过简报、会议等形式贯彻，使每个员工养成“凡事先看合同，凡事依据合同”的习惯。“设备到现场，我们说了算”曾经是公司引以为荣的口号。他们喊了几十年，也执行了几十年，如果厂家制造有缺陷，就主动修复；如果设计不合理，就主动修改。但是在来宾，他们学“乖”了：设计不合理，就向 AEC 公司提出；如果 AEC 公司不接受，就按原有的设计要求装上去；以后 AEC 公司要修改的时候再跟他们谈索赔，较好地维护了自己的权益。

广西来宾 B 电厂一角

用合同说话，赢得国际同行赞誉

工程界有句行话，叫作“低价中标，高价索赔”。因此学会利用合同条款保护自己的利益是每个安装承包商必须重视的技能之一。电厂建设是一项复杂的系统工程，每个项目难免存在一些“灰色事件”。对这些事件必须善于运用合同条款保护自身利益不受损害或少受损害。

山东电建一公司善于用“合同语言”说话以来，从中尝到了许多甜头。1998 年 8 月，我国南方发生罕见的洪水灾害，桥梁被冲坏，公司运输汽包吊装专用工具的车辆被阻隔在武汉不能南下，不得不绕道江苏、安徽等地，致使运输路程增加了 1000 多千米。根据合同条款，洪水是不可抗力的风险，给安装承包商造成的损失，买方应予以赔偿。于是，公司立即给外方发函，成功地向 AEC 公司索赔了 3000 多美元。

像这样的例子还可以举出许多。譬如，磨煤机设备到货晚了 3 个月，而 AEC 公司又要求赶工。山东电建一公司一方面积极赶工，另一方面向其提出了赶工补偿。经过反复谈判，一直谈到第 16 轮，AEC 公司终于答应给予补偿。山东电建一公司又通过内容挖潜，提前 3 周完成了任务。

山东电建一公司用“合同语言”说话，不仅维护了自己的经济利益，而且赢得了 AEC 公司的尊重和赞扬。来宾 B 电厂工程焊接有三个标准：中国标准、ASME 标准[①]和法国标准。合同规定在这些标准中，哪个条款最严格就执行哪个条款。例如，焊口探伤比例，ASME 标准为 10%，中国标准为 50%，就按国内标准执行；探伤方式国内标准透一次，ASME 标准透两次，就按 ASME 标准执行。就是在这种严格的标准下，一号锅炉高压焊口探伤合格率达到 96%，水压试验一次成功，17000 余道焊口无一泄漏，就连一向以严格著称的外方工程师也竖起了大拇指：“一公司，OK，OK！”

来宾 B 电厂工程施工的最大特点是程序化管理，AEC 公司关心的不仅是验收结果，还有是否按程序施工。在施工过程中，每道工序之间必须有交接单，经验收合格后方可进入下道工序。质量控制部门在对土建移交的一号锅炉煤仓间基础进行测量时，发现煤仓间柱底板有 3 个误差超过了 6 毫米，AEC 公司认为可以安装，而山东电建一公司则按合同据理力争，要求 AEC 工程师责成土建承包商对基础进行修改，从而把质量隐患消除在上道工序上，获得称赞。

（内容来源：《人民日报》；作者：贾建舟）

---

① ASME 标准是美国机械工程师学会制定的一系列工程标准。

闯出一片新天地

2003年9月，刚刚进入收获的秋季，山东电建一公司的市场开发喜报就接二连三传来：中标内蒙古岱海发电有限公司2×60万千瓦机组二、三、四号标段；江苏新海发电有限公司2×33万千瓦机组工程B标段收入囊中……

山东电建一公司实施“走出去”闯市场战略结出累累硕果，截至2003年8月底，已经拿到了15亿元的产值订单。

人们不会忘记，在开拓市场的道路上，公司干部职工付出了很多很多……

1999年山东省电力第一个国外项目——印度Malco电厂

从等项目到闯市场的嬗变

在计划经济末期，基建市场逐渐萎缩，全国大部分电力建设企业已经开始走向市场之际，公司仍处在施工任务比较饱满的“黄金”时期。但不久，形势便急转直下，4000多名职工大多处于待命状态，整个公司面临无活可干的尴尬局面。

比这更大的困难来自队伍内部，来自不合时宜的思想观念。虽然市场经济的飓风已扑面而来，但过惯了计划经济日子的部分职工仍不思改变。

危机感缺乏像一个巨大的阴影，笼罩在“电建铁军”的身上。由于对形势估计、分析、认识不足，当时一个几乎已经到手的项目“意外”丢标了。

突如其来的打击终于击醒了全公司的人。

公司连续召开中层以上干部会议，分析形势，总结教训，研究对策。经过认真反省之后，公司职工逐渐看清了这个事实：随着招投标制的实施，再也不会有什么“救世主”。走市场是大势所趋，绝不能躺在过去的荣誉上吃老本，是“铁军”就要敢于迎接挑战。

为此，公司大刀阔斧地进行内部整顿，实施机构、用工、内部考核责任制、资金、物资、机械、后勤和多种经营八项管理制度改革。成立了指挥中心，将原来的25个部室撤并为15个。实施“三个分离”，即决策层、管理层与执行层、操作层的分离，主业与多种经营的分离，主业与后勤的分离。公司与下属施工处、专业公司签订内部经营承包合同，模拟市场运作，推行成本核算和成本否决。实行“一二三线”人员动态管理，通过理论考核和技能考核竞争上岗。通过一系列的改革，公司建立起一套适应市场需要，机动灵活、快速高效的管理机制。

公司职工还把各项工作的出发点和着力点转移到市场开发上来，从自己的企业性质出发，提出了“立足山东，面向全国，走向世界”的发展思路。

这一思路的提出，在公司历史上具有划时代的意义。以往，公司只需全心全意干好工程，由于有上级的工作指令，从来没有想过怎样才能拿到工程这个问题。自从新的发展思路提出后，由原来单纯只搞建设的“一条腿”走路变为开发与建设并举的“两条腿”走路，公司从此走上了一条充满生机与活力的金光大道。

遍地花开香满园

“市场是你跑去争来的，不是它跑来送给你的。”公司时任经理侯作新率领班子成员经常给职工灌输这样的观念。

为了让开发这个“龙头”昂起来，公司以投标工作为核心，建立起一支精干的投标队伍，不断加大市场开发力度。市场开发，人才是关键。为了使投标队伍机动、灵活、高效，公司把部分业务水平、技能水平和知识水平较高的党团骨干人员充实到市场开发部门，使投标队伍年轻化、知识化。

1997 年中标的福建漳州后石电厂循环水管项目施工，是公司第一个真正通过投标取得的市场项目。

1998 年公司通过投标，又取得了广西来宾 B 电厂 2×36 万千瓦机组安装工程的施工。这是我国第一个标准电力 BOT 项目，由法国阿尔斯通公司投资建设。

1999 年竣工的印度 Malco 电厂项目，是当时全国最大的机电出口项目。此工程锻炼了一批能够适应国际工程需要的工程管理技术人员和商务人员，在货物清关、货物国际运输、国外劳务人员聘用与管理、国际工程管理等各方面均积累了较丰富的经验，为公司再次走出国门奠定了良好的基础。

面对现实，公司在抢占山东省市场的基础上，大力开发“三外”市场：国外，以开发印度市场为重点，大力开发南亚市场；省外，抓住西部大开发的机遇，以宁夏、新疆为立足点，全面开发省外市场，重点开发西部市场；行业外，以所取得的各项资质为契机，努力拓展生存空间，向工民建、市政、公路、信息、农牧、生物工程等行业发展。

2000 年至 2002 年初，公司在省外先后中标新疆喀什电厂、新疆红雁池电厂、宁夏石嘴山电厂、山西漳泽电厂等工程；在省内先后中标 220 千伏济宁凤凰变电站、500 千伏青岛变电站、220 千伏济南老东门变电站、华能辛店电厂厂区

BOP工程①、南山电厂EPC工程②、临沂电厂、南定电厂、白杨河电厂、里彦电厂等项目，中标合同金额越来越多。

同时，公司还抓紧向其他领域进军。以承建的泰安抽水蓄能电站上库公路为突破口，进军公路市场，中标了四川省宜宾市金江路工程；进入市政工程市场，承建了济南玉清湖水库黄河沉沙工程泵站；化科技优势为产业优势，进入了机械制造领域，设计制造的FZQ1380型塔机和烟囱、水塔施工液压提升装置销售状况良好；全面进入电站检修领域，参与了省内德州、黄台、邹县等电厂及上海宝钢自备电厂技改等大修及检修工作。

为了更好地适应市场，公司不断根据形势变化，及时调整开发思路。在电力体制改革、主辅分离的情况下，继续加强对“走出去”开发战略的研究。坚持“引进来”和“走出去”相结合，一方面加强与国际和国内知名品牌公司的合作，在更大范围、更广领域和更高层次上参与竞争，充分利用国际国内两个市场进一步拓展发展空间；另一方面打破孤军作战的模式，本着“双赢”原则走强强联合的路子，既与实力较强的设备供货商联合投标，也与实力较强的兄弟施工单位联合投标，争取发展空间。与山东核电集团合作，中标了广东惠州南海石化工程电厂项目；与江苏电建一公司合作，中标了江苏常熟电厂2×60万千瓦机组的部分工程；与内蒙古电建二公司合作，中标内蒙古岱海电厂工程2×60万千瓦机组二号、三号标段；等等。

在全体干部职工的共同努力下，公司的市场开发工作如芝麻开花节节高。公司已经在国内的10多个省、区、市拥有20多个施工点，还第二次进入了印度市场，参建了Malco电厂工程。

“雷达”“天线”和“超人”

闯出去走市场，光靠几个公司领导不行，光靠市场开发部门的几个职工也不行。为了更好地开发市场，公司最多时成立了北京、上海、乌鲁木齐、银川、成都、东北、深圳、厦门8个联络处，8个联络处像是安装在全国各地的8个地面

① BOP工程指电厂成套设备以外的辅助设施工程。

② EPC工程指工程总承包模式下的项目，其设计、采购、施工的全过程管理均由总承包企业负责。

山东电建一公司积极响应国家西部大开发的号召，承建宁夏石嘴山电厂

“雷达”，每天都在紧密地搜索、跟踪着附近的电力建设项目信息，并将有价值的消息迅速传递给总部。同时，公司还鼓励各项目经理部和施工处（专业公司）在保证完成公司施工任务的同时，主动开发工地周围的“卫星”项目。这几年来，仅项目工地和施工处（专业公司）开发的项目就有 30 多个，工程总产值超过了 2 亿元。公司还制定了“全员开发市场”的行动方针，发动全体职工利用各自的社会关系，多角度、全方位地搜集、跟踪信息。在这个方针指引下，职工们仿佛是一个个接收信号灵敏的小“天线”，形成了完整的覆盖广泛的自下而上的市场开发信息反馈网络。

经过一段时间甚至是长时期的跟踪联系后，项目开始招标了，公司职工们又立刻投入标书制作当中。由于僧多粥少的现实局面，在有众多竞争者的情况下，业主的眼光肯定是挑剔甚至是苛刻的。投标期间，投标人员的表现不仅仅代表他们本人，在一定意义上还代表着他们身后的整个企业。往往为了一个标书，投标人员要连续几天甚至十几天不分昼夜地进行高负荷、高强度、全身心投入的紧张工作，被誉为“超人”，其敬业精神和严谨细致的工作态度可见一斑。

开发工作不但需要投标人员的努力，还需要全体部门的密切配合。为了发挥公司的整体优势，公司坚持把开发工作变成共同行动，要求政工部门和生产经营部门密切合作，制作介绍公司实力和形象的录像、影碟、画册等，扩大公司影响力，把公司的无形资产转化为市场竞争的砝码，为开发工作提供强大的后盾支持。

几年来，公司的市场开发之路越走越宽。回顾几年来的市场开发工作，时任经理侯作新感慨良多。他说：“如果用一个字总结山东电建一公司的市场开发工作，这个钻石般珍贵的字就是‘闯’。因为一个‘闯’字，山东电建一公司走出了山东；因为一个‘闯’字，山东电建一公司走出了国门；也因为一个‘闯’字，山东电建一公司这支老牌的电建劲旅，又在市场经济的条件下开辟了一片新的天地。”

（内容来源：《山东电力报》；作者：张富旺）

建好“齐鲁第一机”

华电国际邹县电厂四期 2×100 万千瓦工程荣获中国建筑工程鲁班奖

华电山东邹县电厂四期工程（以下简称邹四工程）两台 100 万千瓦超超临界机组，是目前山东省单机容量最大的火力发电机组，总投资为 84.9 亿元。该工程是国家百万千瓦超超临界机组引进技术国产化依托工程，是山东省乃至全国范围内引进超超临界技术，建设大容量、高参数、环保型机组的里程碑式项目，也是国家“863”项目和“十一五”重点建设工程，对提高我国电力工业设计、设备制造、安装和运营管理水平具有十分重要的意义。

邹四工程于 2005 年 1 月 15 日开工。在号称“齐鲁第一机”的七号机组工程建设中，山东电建一公司以“建精品工程，创铁军品牌”为目标，按照“安全精细管理，质量精益求精，工程精心组织，经营精打细算”的工作思路，科学组织，精细管理，实现了工程安全、质量、工期、效益的齐头并进。

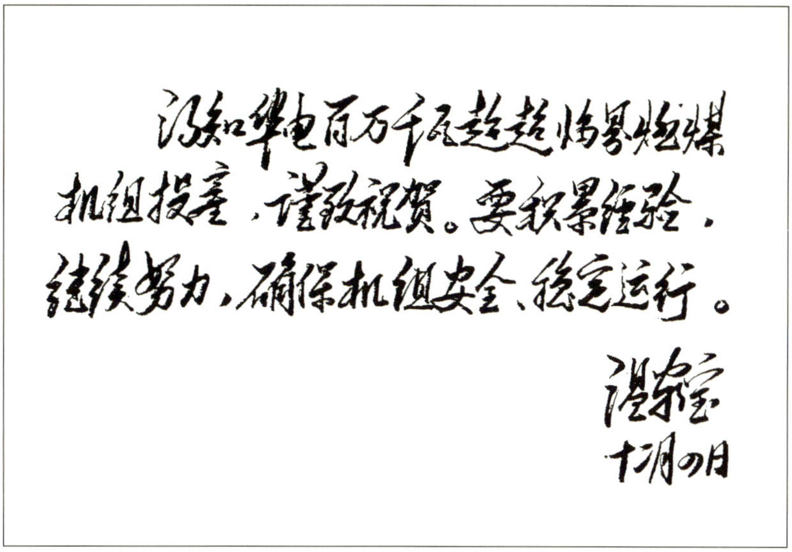

华电国际邹县电厂四期 2×100 万千瓦工程发电投产期间温家宝题词

又是一个第一次

山东电建一公司先后承担过从 5 万千瓦到 60 万千瓦不同级别的火电机组建设近百台，在国内电力建设历史上开创了无数个第一，素有“电建铁军”的美誉，以能啃“硬骨头”闻名全国，但对于 100 万千瓦超超临界机组，他们还是第一次接触。

据介绍，超超临界机组与同容量亚临界火电机组比较，可提高效率 5 %左右。另外，由于发电效率的提高，相同的发电量会大大减少污染物排放量，是国际上公认的燃煤发电新技术，代表了火电机组新的发展方向。

世界上许多国家早已广泛采用超超临界机组，国外第一台超超临界机组投运至今，已有近 50 年的历史。我国目前还没有正式投产运行的 100 万千瓦超超临界机组，正在建设中的华电邹县七号机组很有可能打破这个纪录。

历史又一次把重任压在了山东电建一公司的肩头。得到工程中标的消息后，山东电建一公司时任经理侯作新信心十足地说：“承担这样的工程建设任务，对我们既是挑战，更是机遇。”

工程质量创一流

邹四工程锅炉、汽轮机、发电机均采用日本日立公司技术，由东方锅炉厂、东方汽轮机厂和东方电气集团生产制造，其屏过出口及高过出口设计为T92钢，屏过至高过连接管、主蒸汽、高压旁路设计为P92钢。T92钢、P92钢是国外新研制的铁素体耐热钢，最高耐热度可以达到620℃，其材料全部为国外进口。材料是没有接触过的，而且量大件多，仅锅炉大板梁单件最重就达320吨。锅炉高90米，仅钢架就有近万吨，锅炉受热面设备近万吨，汽机房钢屋架近万吨，与60万千瓦机组相比，锅炉钢架、受热面设备、汽机房钢屋架要重近一倍。高温高压焊口有54350道，是60万千瓦机组的1.5~2倍。

作为应用于超超临界机组的新钢种，T92钢和P92钢在国内没有应用先例。因此，国内实力雄厚的电力建设企业竞相开展P92钢的焊接技术攻关，以期率先获得超超临界机组焊接施工的技术准入。由于P92钢合金含量高、元素组成复杂等特点，其在焊接上有较P91钢更高的技术难度，尤其是冲击韧性等指标，需要进行科学的实践探索和研究。

山东电建一公司为保证焊接质量，在焊接工艺评定时，选取了远高于规范40毫米要求的57毫米厚壁P92钢管进行试验，试验的每道焊口均经过了严格的焊层厚度和层间温度控制，分别历经40余小时连续施焊完成。同时，聘请山东省电力研究院、苏州热工研究院、山东省特种设备检验研究院、武汉大学等多家单位的专家和顾问进行技术咨询，并在独立的第三方专业实验室进行评定。两个评定试件各项力学性能均高于国电焊接信息网的推荐指标，一举取得了T92钢和P92钢全氩弧焊、氩电联焊两种工艺，以及管径、壁厚全范围的焊接工艺评定覆盖，解决了邹四工程焊接施工的关键技术问题。

虽然试验解决了技术难题，但是，在实践中稍有疏忽，就可能犯下致命错误。为此，邹四工程一开工，山东电建一公司就定下了“创省优、国优，争夺鲁班奖”的质量工作目标。在施工中，将这一目标分解到了工地每名职工身上，成了职工共同的行动。工地实行施工员、技术员、质检员三级工程质量负责制，对每项工程设立质量见证点和停工待检点，严格实行四级验收制度，“谁验收、谁签字，谁签字、谁负责”，责任到位，压力到人。公司还定期开展“作业指导书”评比活动和工艺质量“小指标”竞赛，促进工程质量的提高。

建筑施工处将汽机基础、磨煤机基础等所有设备基础的棱角，全部用角铁进行“包边”保护。汽机基础浇筑时恰逢冬季，把暖气接到汽机基础浇筑现场，基础浇筑完毕后，就立即盖上棉被进行保温。浇出的汽轮机基础内实外光，光洁如镜。

汽机施工处将现场的设备和管道用专门定制的塑料盖进行封口，安装好的汽机设备全部披上了防护网。为保护好汽轮机缸体连接螺栓，制作了汽轮机缸体连接螺栓摆放架。在汽机台板找正时，对每块台板反复测量达四五十次，保证台板施工质量。

电气施工处在500千伏升压站隔离开关机构箱施工时，一改将电缆管（钢管）敷设在机构箱的下部，然后再将电缆管与箱体之间用软管连接起来的传统做法，采用将电缆敷管直接插入隔离开关机构箱的新办法，大大提升了电缆敷设的施工工艺，使现场变得更加美观。

防保公司对防腐好的管道和设备及时悬挂上成品保护提示牌，对保温铁皮用塑料布进行覆盖，一举破解了交叉作业时成品“屡遭破坏”的难题。针对百万机组新设备多、新材料多、新工艺多的实际，及时组织技术培训，趁外国专家在工地期间，邀请他们对操作人员、技术维修人员进行培训，提高了施工人员的技术水平和工作技能。

“高质量的工程是干出来的，更是管出来的。”这句话，在邹四工程工地施工的山东电建一公司职工有着切身的体会。他们在施工现场设立了质量曝光平台，随时查出问题，随时进行曝光。同时，加大了质量奖惩力度，根据工程质量的优劣，直接奖惩到个人。

工地一个外协队在施工集控楼框架柱时，由于夜晚浇注，施工人员责任不到位，浇注时跑模，造成框架柱根部有一处略微“鼓肚子”。第二天，建筑施工处就组织召开了质量分析会，在明确各自责任后，对施工员、技术员、质检员、专工和施工队伍分别给予罚款处理，并将出问题的部分推倒重来。看到一件小事处理都这样严肃，工程人员及施工单位都受到了很大的触动。从此以后，工地再没有出现质量问题。

安全文明筑根基

安全是做好一切工作的基础。

安全检查是安全管理的重要一环。山东电建一公司在工地推行了“两卡一单”工作制度，即对重要施工项目全面推行“安全操作卡”制度，对各级安全管理人员全面推行“检查卡”制度，对项目工地实行“安全管理督办单”制度，切实从源头上堵塞了安全管理的漏洞。

针对现场交叉作业多、施工用电焊皮线多的特点，相关人员就用槽钢制作了专门的皮线走向盒。另外，在过路段使用了自行设计的“电缆线、电源线专用天桥”，使电缆线就像行人过马路走天桥一样，从空中通过，避免了电缆线的错拉乱用，还方便了通行。现场施工做到了“谁施工，谁清理；随施工，随清理”。工地还成立了施工垃圾、废物回收小组，每天对现场的施工垃圾、下脚料等进行集中回收，分类处理。焊接公司对每个焊工的焊条盒进行编号管理，焊条盒上面都标注着焊工的名字。焊工每天出工回来，将焊条头带回放在自己的盒子里，公司每天进行抽查，检查情况与奖金挂钩，并进行奖惩兑现，确保了焊条头的回收率，提高了现场文明施工的水平。

坚持“以人为本”抓安全，是山东电建一公司一以贯之的做法。施工期间，鲁南地区出现了持续高温，现场温度达35℃左右，又正值焊接施工的高峰期。工地近百名焊工在封闭的遮风棚内共同作业时温度高达40℃，衣服湿得透透的，汗水不住地向下流。为保证这些焊工有足够的体力，工地每天给他们每人发放一袋牛奶，并把雪糕和冷饮送到现场焊工的手中。外协施工人员是工地施工的重要补充力量，工地多次购买绿豆、猪肉、鸡蛋等食品，免费发放给外协施工单位人员，帮助他们改善职工生活。

安全观念已经深入山东电建一公司广大职工的内心深处，变成了他们的自觉行为，工地也取得了连续安全生产600天的好成绩。

非常工期下的非常之举

邹四工程原计划 2007 年 8 月投产发电。为早日创造效益，业主要求在 2006 年底完成 168 小时试运。提前 8 个月发电，这就意味着公司要在不到 24 个月的时间里完成一台 100 万千瓦机组的安装任务！虽然国内没有同类型的机组作参考，可是一般60万千瓦机组的工期也要42个月，何况这是100万千瓦机组，国内没有建设成功的先例！

怎么办？没有条件创造条件也要上！

邹四工程七号机组紧张的工期让人透不过气来。项目经理王守民说："在邹县三期工程第一台 60 万千瓦机组施工中，公司曾创下施工工期 37 个月的同类型机组全国最快施工纪录。如今，干 100 万千瓦机组，要 24 个月完工，简直催命。"

王守民每天都是早早到工地。他说大家都很辛苦，自己更要以身作则。有一次，他到济南参加会议，到家时才知道妻子病了，好几天都是一人去医院。他本来打算在家待半天照顾照顾妻子，可正赶上发电机定子吊装，他只叮嘱了妻子几句话，就匆匆赶回了工地。当天晚上，他在施工现场一直忙到深夜 12 点，直到发电机定子顺利就位后，才和工人一起离开。

焊接公司副经理刘安英每天 12 小时忙碌在现场，指挥焊工进行施工。锅炉施工处副主任李向源在胃部切除一半、胃病仍较为严重的情况下，为了工作，依然经常忙得吃饭没正点。锅炉施工处技术员韩延浩，妻子生孩子，做了剖宫产手术，他在医院里照顾了 3 天，妻子刚能下床，他又回到了工地。

2005 年 4 月，邹四工程七号机组锅炉基础、汽机基础、烟囱基础等施工全面开花。建筑施工处 40 余人齐上阵，人歇车不歇，27 天 24 小时"连轴转"，顺利完成了 20000 余立方米的混凝土浇筑任务，创造了公司乃至山东省电力基建单月浇注混凝土量的纪录。

从锅炉钢架吊装开始的那天，锅炉钢架吊装突击队的小伙子们就夜以继日地抢工期。突击队队长袁友军家就在邹县，可为了吊装，他却住到了工地上。吊装一干起来，他的午饭、晚饭都在工地上吃。靠着这种拼搏精神，他们在设备迟到的情况下，仍在规定的工期里完成了 10000 余吨的钢架吊装。

2006年的春节刚过，工地就立即着手组织施工，先后三次编排、调整施工计划，并提出“以小目标保大目标，以节点工程的完成保里程碑项目的实现”的要求。在500千伏升压站钢架构吊装中，为了最大限度地给电气安装让出时间，他们抽出3名技术施工人员负责吊装的指挥、协调。16米跨度的钢架，他们只用了15天就全部拿下，为电气安装多提供了5天时间。

七号机组锅炉受热面焊接开始后，面对50000多道的焊口焊接任务，焊接公司和锅炉施工处积极配合。为对好焊口，对口人员在狭小的空间里，用“葫芦”一点点地拉，用撬棒一点点地撬。焊接公司在焊工紧缺的困难面前，每天根据焊接量给焊工下达焊接任务，无论困难多大，都保证当天焊接任务当天完成。负责焊接的工人在狭小的管道里，或蹲、或趴，身体紧贴着烤热的炉管进行焊接，飞溅的焊花不时落在他们的衣服上、脖子里，汗水也不停地顺着脸往下滴，可为了焊接质量，他们一动不动。一个月下来加班就达到24个工作日，一个月干了两个月的活。就是凭着这样的拼劲，在短短的4个月里，他们完成了40000多道焊口焊接，焊口检验合格率为100%。

检测中心是工程质量的最终把关部门，为给安装单位腾出足够的时间，负责金相试验的职工一开始就过上了这样的“夜生活”——每天凌晨4点上班、晚上7点下班。自锅炉吊装施工开始以来，他们连续奋战了4个多月，好多职工已有100多天没见到过阳光了。

广大职工更是想尽办法优化施工方法，提高施工效率。锅炉专工吕伟针对锅炉左侧FZQ1380吊装区域空间狭小，水冷壁、过热器等大面积组合设备在其吊装范围内无法进行的实际情况，在充分考虑施工安全的条件上，将锅左、锅右的两台吊车直接在空中进行接钩。水冷壁吊装时，组合后的水冷壁管排较长，吊装易发生管排偏折，吕伟又果断地采取了用塔吊大小钩及龙门吊多点抬吊的方法，保证了管排平稳起吊。在锅炉设备吊装中，许多组件要从锅炉炉膛底部起吊，设备的倒运量很大，因空间小，汽车倒运速度很慢。为此，锅炉施工处设计了“设备倒运平板车”，用槽钢焊成车架，在车架底盘装上4个特制滑轮，用槽钢作为滑车的通道，用卷扬机进行牵引，大大提高了设备倒运速度。

工作是开创性的，山东电建一公司人为能从事这开创性的工作而自豪。问题是新的，但总要有人解决。山东电建一公司的干部职工们一丝不苟、谨慎小心地对待每一个施工环节。因为他们知道，自己施工的工程没有先例，没有经验，也没有成型的标准，只有尽最大努力干到最好。自己的汗水能浇出什么花朵，只有机组并网发电后才能知道。

后 记

2006 年 12 月 4 日，七号机组顺利通过 168 小时满负荷试运行投产发电，比计划工期提前 9.4 个月，整个建设工期为 22.6 个月。机组自动、保护、仪表投入率达 100%，主要经济指标均达到设计值，创造了全国百万千瓦机组建设速度最快、调试时间最短、整体质量最优的纪录。时任国务院总理温家宝致电祝贺：得知华电百万千瓦超超临界燃煤机组投产，谨致祝贺。要积累经验，继续努力，确保机组安全、稳定运行。

2008 年 1 月，七号机组被中国电力建设企业协会命名为“达标投产”机组，是中国电力建设史上第一台被行业协会批准命名为“达标投产”的百万千瓦级超超临界机组。9 月，邹四工程通过中国建筑业协会组织的 2008 年度中国建设工程鲁班奖现场复查，年底荣获中国建筑最高奖——鲁班奖。

（内容来源：《华北电业》；作者：刘学良、郑凤军）

挺进南美

巴西南部，南大河州的坎迪奥塔市是一座距巴拉圭不足 40 千米的边境小镇，亚热带半高原气候给这里带来了湿润的空气和温暖的阳光，9000 多人口、5 平方千米中心街区，绿树掩映。由山东电建一公司总承包的坎迪奥塔火电厂工程项目，就位于这座小镇边缘。

山东电建一公司承建的巴西坎迪奥塔火电厂

作为中国电力建设企业挺进南美大陆的第一个项目，山东电建一公司在巴西这个充满激情的国度，尽情展现着电建铁军的风采。

跨洋握手：二十年梦圆

坎迪奥塔火电厂二期C项目建设规模为1×35万千瓦火电机组。35万千瓦机组在我国内地是最平常不过的，但却是当时巴西国内建设的最大火电工程，也是中巴经贸合作最大的机电产品出口项目，项目的建设有着深远的政治和经济背景。

2004年11月，时任国家主席胡锦涛应邀访问巴西，世界上最大的发展中国家与南美洲最大的国家跨洋握手，就建立长期、稳定、互利的战略伙伴关系达成框架协议，其中一项重要内容就是我国政府帮助巴西完成坎迪奥塔火电厂二期C项目的建设。在两国元首的共同见证下，中国中信集团与巴西电力集团签署了《巴西坎迪奥塔火电厂二期C项目合作框架协议》。

2006年8月19日，中信国华国际工程承包公司与山东电建一公司签署坎迪奥塔火电厂二期C项目总分包协议，山东电建一公司作为总分包商承担EPC合同项下工程设计、设备和材料供应、土建施工、安装调试、试验、试运行及在缺陷通知期内的缺陷修复等工作。9月25日，坎迪奥塔项目举行了隆重的奠基庆典。项目技术总监安东尼奥高兴地说："上马二期工程，从20世纪80年代到现在，我们已期盼了20多年，今天终于由中国朋友来圆我们的梦了。"

至此，山东电建一公司继成功打入印度电力建设市场后，再一次走出国门，挺进南美电力建设市场。

全新环境：学习中适应

这个项目是中巴优势互补、合作双赢的成果，也是中国电力建设"走出去"、进军国际市场的一个重要里程碑。山东电建一公司时任经理侯作新代表公司党委提出24字要求：干好工程、带好队伍、出好经验、赢得信誉、创出效益、培育人才。

素有“电建铁军”美誉的山东电建一公司，此前曾先后两度进军印度电力建设市场，对国际工程管理有着很深的了解和认知。进点之前，公司经过多方搜集资料，对巴西的国情、法律法规、劳工政策、税收制度、物流运输等方面有了一定的了解，一开始就知道运作这个项目会遇到很多困难。但是，等到了现场才知道，困难要比想象的多得多，签证、语言、环保等，个个都是“坎儿”。

签证是最先遇到的问题。为保护本国劳动者权益，巴西劳工部严格限制国外劳务输入，一般很难取得工作签证。山东电建一公司在巴西的工作人员所持的都是商务签证，一年之内在当地只能待 180 天。工作人员刚熟悉了环境又要回国，致使人员频繁更替，严重影响项目推进。

葡萄牙语是巴西的官方语言。在巴西，会英语的人很少，懂汉语的更少，合同、图纸、信函的葡语转换是最让人头痛的。国内设计的图纸是英文标注的，到了现场必须转化成符合巴西规范的葡萄牙语图纸，经过巴西的注册工程师审核签字，并送工程师协会 CREA 进行备案后，才能供施工使用。特别是临建图纸的设计，必须首先考虑巴西人的建筑风格和材料特点，其次除了必须满足建筑实用，还要充分体现环保、和谐的理念。

重视环保、爱护环境，在巴西是严格践行的。施工现场的噪声、扬尘、排水都要建立监测点，随时监测、随时控制。周边的杂草不能随意铲除，树木更是不得随意砍伐，若现场用地需要移动树木的位置，必须经有关部门批准后，委托相关机构将树挪移至指定位置，并且在保证其能存活后才能实施。

“面对全新的环境，我们必须在学习中适应。”刚到现场，公司员工就组成了调研小组，分赴我国驻圣保罗总领事馆、中远集团巴西公司、中土集团巴西公司等单位考察学习，收集资料，尽快实现与当地环境的融合。他们还确立了走“本土化”管理之路的思路，严格外籍员工的招聘选拔，充分发挥外籍员工对当地法律法规比较熟悉的优势，用巴西人管巴西人。项目部根据巴西垃圾分类管理要求，专门设计了现场垃圾箱，对土方工程施工进行了明确要求，并制定了可行的操作方案。为适应巴西程序化管理要求，他们加强了管理程序的编制工作，形成了《巴西工地项目管理体系文件》，内容涵盖项目管理策划、项目进度管理计划等 110 多个管理程序，定期对受控文件清单进行升级换版，真正做到“四个凡事”。

龙行巴西：激情桑巴舞

“困难越大，越能锻炼队伍，也越能体现‘电建铁军’的价值和魅力。”山东电建一公司时任党委书记岳玉刚这样说。

项目部坚持把“干好海外工程，培养优秀人才，树立国际形象，创出经济效益”作为指导思想，提炼出“爱国爱企、团结协作、知难而进、学习创新”的工地精神。他们说，中国人身处海外，每个人都代表着祖国形象、企业形象，必须通过自己的言行举止，共同维护祖国及企业的形象，在相互团结、相互协作、相互配合、相互支持中，打造一支和谐的团队，确保按合同要求完成建设任务。

身处巴西，年轻的中国工程师们不仅要克服语言上的障碍，还要面对风土人情、生活习俗等差异。由于国情差别，外籍员工对中国员工经常主动加班的现象很不理解。面对他们的困惑，中国员工给他们打了个这样的比方：“就好比自己家里盖房子，一块砖、一片瓦都要精打细算，砌墙盖瓦、装门上梁，每道工序都得严谨认真。公司就是个大家庭，为自己的家操点心、吃点苦，又有什么呢？”外籍员工听完后，伸出大拇指连声说道：“Tabom（好）！”

在碰撞中磨合，在磨合中认同。有效的沟通不仅拉近了双方距离，同时也有效促进了工程建设向前推进。设计合同、三大主机供货合同、循环流化床干法烟气脱硫设备供货合同、物流管理合同签署完毕，现场“五通一平”已经完工，临时办公室即将投用，土建分包在有条不紊地进行中。

在巴西工地，公司员工把自己创办的电子图书命名为《龙行巴西》。工地党总支书记王文生说，“龙”是中华民族的图腾，龙在巴西表示的就是中国人在巴西，生龙活虎、龙马精神、龙腾虎跃。的确，以“龙”为名，有着深厚的文化底蕴和丰富的寓意，以此来展现山东电建人克服困难、知难而进、学习创新、干好工程的信心。

狂欢节里跳桑巴、看桑巴，是巴西人生活中必不可少的一部分。在热情奔放的音乐节奏中抖动身体，双脚飞快地移动、旋转，那是一种力量之美、激情之美、动感之美，身处此地的“电建铁军”正在成为那个强劲的舞者。

山东电建一公司中外员工共享胜利喜悦

（内容来源：《中国电力报》；作者：刘学良、邹广伟）

结缘“鸟巢”的电建人

北京奥运会场馆“鸟巢”全景

“作为一名电建人，能参与北京奥运主会场‘鸟巢’的建设，是一件想不到的事，更是一件幸运事、光荣事！”谈起当时接到建设“鸟巢”任务时的感受，山东电建一公司北京“鸟巢”援建项目经理陈卫东这么说。

2008 年 3 月 21 日，应中信建设国华国际工程承包公司邀请，山东电建一公司一行 10 人奔赴北京参与“鸟巢”机电工程的尾工、调试、验收等工作。从此，有了电建人和“鸟巢”结缘的故事。

2008 年，山东电建一公司获得为奥运会赛事保驾护航荣誉证书

宿舍里观“鸟巢”：奥运会前的预赛跑和脚上的泡

到北京当天，陈卫东就参加了中信国华组织的施工协调会，为迎接即将举行的“好运北京 2008 国际田联竞走挑战赛”，会上要求山东电建一公司人员在 5~10 天尽快熟悉环境、投入工作。

当天夜里，大家把观赏“鸟巢”的地点定在了宿舍里，“鸟巢”工作图高高挂在了墙上，宿舍成了办公室，分析、研究图纸，并依据个人特点尽快对工作进行

山东电建一公司人员为“鸟巢”安装调试电气

了分工。第二天，大家简单熟悉了下现场，就立刻投入工作，电建人快速、敏捷的适应能力让所有人大吃一惊。

真实的“鸟巢”可比宿舍里看到的壮观多了。能容纳 9 万多名观众的巨大场地、上千间房屋，仅仅周长就近 1000 米，上上下下跑一圈，怎么也得一个多小时。大家在工作现场排查缺陷、参与验收和整改，每天都要跑上 20 多千米。短短几天时间，每个人都收获了一份“厚礼”：这些跑惯了电力施工现场的人脚下都是大大小小的泡。大家戏言说：“奥运会没开始，我们已先进行预赛跑了。”玩笑归玩笑，晚上，大家用针挑破水泡挤出血水，顾不上血水粘连袜子引起的阵阵疼痛，第二天继续奔赴施工现场。

就这样，在短短一个月的时间里，电建人顺利完成向奥组委移交房间的验收工作，房间外强电竖井间、环行通道、地下车库、机房等机电项目的整改，为“好运北京 2008 国际田联竞走挑战赛”提供了电力保障。

丁登峰的移花接木术：干就要干最好

22 日匆匆赶到北京的丁登峰，是“鸟巢”援建项目的总工程师，更是一位有着丰富经验的电气专业的电建人。在山东电建一公司，他的身份是印度 CCPL 项目副经理。来到“鸟巢”工地，他照样干得有滋有味。他最得意的是他的移花接木术：他将电力施工的一些好的做法用到了“鸟巢”工地现场。

和电厂工地比，“鸟巢”除了高压系统，其他的电气设备可以说是一应俱全，这里共有 8 个变电所、20 台变压器为其服务，消缺、调试，现场的工作量很大。丁登峰有条不紊，他对新接触的分包队伍提出一个要求：必须进行安全交底。没有安全，哪来的保证？

为了保障电力万无一失，丁登峰和技术人员反复研究，确定了高低压电力系统的各项实验保驾方案，主动组织人员进行了保护和定值调试校验工作。

移花接木就是要锦上添花。“要把所有能想到的问题都事先解决，‘鸟巢’的电力保证必须是百分之百。”这是丁登峰的誓言，也是大家共同的理想。

刘同义，是援建“鸟巢”项目的安装工程师，全面负责整改和尾工项目技术工作。面对上千条的缺陷项目，他列出了整改标准和施工计划，合理安排施工人员，协调各施工单位各司其职，各负其责。在整改过程中，他积极主动联系总包单位落实缺陷项目，进行优化划分，整改计划有条不紊。

电气施工处高级工程师陈登升，全面负责“鸟巢”项目机电系统的把关调试工作。这位在电力建设战线屡建奇功的电气“大拿”，在“鸟巢”建设过程中更是得心应手。10 千伏和 400 伏高低压电力系统的切换自投试验、动力箱和照明箱的 ATS 切换试验、照明应急电源 EPS 的调试、排污泵手动自动调试……一项项工作，都在他的把关下顺利完成，保护和自动投入率均达到 100%。

陈卫东其人和“陈卫东的人”

4 月 18 日，“好运北京 2008 国际田联竞走挑战赛”在国家体育场鸣枪，这是“鸟巢”第一次承办比赛。比赛进行现场直播，有 100 多家新闻媒体参与报道，稍一出错责任就大了。所有人都感到了沉甸甸的压力。

陈卫东更忙了。在“鸟巢”里，如果不是事先约定，要找到陈卫东实在是太难了，他一会儿在整改现场，一会儿又在验收的队伍里，除了正常的工作，他还要参加整改专题会、验收专题会、电力保驾专题会等。只有在开会时，他才能好好地歇一会脚。正常下午五点半下班，验收会常常要推迟到七八点钟，因此，陈卫东成了晚上回宿舍最没点的人。竞走挑战赛前夕，他刚刚拖着疲惫的身体回到宿舍，又接到通知：夜里 12 点开会。天还下着小雨，北京温度下降得厉害，丁登峰不忍心：“要不我替你去吧？”“不行啊，你明天还要进行调试，更不能影响休息。”

这会一开，就到凌晨两点多。

人忙，电话更忙，协调施工、协调材料、安排工作，陈卫东的电话几乎是一个接着一个，一天下来两块手机电池都不够用，后来干脆把充电器带到了现场办公室，随时充电。“五一”前，孩子打电话给他，放假了，爸爸就在“鸟巢”工作，孩子也想借此机会来北京看看“鸟巢”，逛逛长城。但是，就这样一个小小的愿望也没有得到满足，陈卫东太忙了，上千条的缺陷在等着他安排处理，哪里有时间、有精力陪孩子出去玩？

那段时间，大家的工作时间是这样，凌晨 4 点准时上班，一直到晚上 8 点场馆运行结束才能回去休息。

张传德的父亲已经 70 多岁了，身体一直不好，前一阶段又生病住进了医院。儿子能参加“鸟巢”建设，老人很自豪。因此，一直嘱咐家人不要把自己生病的事告诉张传德。可是，后来老人病情加重，张传德姐姐还是偷偷将父亲重病的事告诉了他。得知消息后，张传德心急如焚，一头是患病的父亲，一头又是耽误不得的工作。陈卫东知道后，当即找到张传德，让他尽快回家看望父亲，工作的事情再想办法。但是，看到大家疲惫的眼神，想到“鸟巢”项目的意义和压力，第二天早晨，张传德把准备好的背包又打开，默默地留在了工地。

质检员沈风德怀着一颗激动的心来到了“鸟巢”工地，并把自己多年来的质量检查经验很好地应用到“鸟巢”项目上，仅仅一个多月的时间，他结合实际提出了几十条整改方案，得到了大家的认可和肯定。在一次质量检查中，他脚踝严重扭伤，动一动，钻心的疼痛就让他直冒冷汗。就这样，他也没离开现场，只是将中午饭改成了在现场吃，让疼痛的脚踝歇一歇，能快点好起来。

刘洪宇虽然话语不多，但他工作的认真、细致程度在“鸟巢”是出了名的，在他施工的区域，凡是经他带队整改的房间均是一次性验收通过。接到援建“鸟巢”的命令时，他正打算回老家帮着盖房子，到现在房子已经盖好了，他还是没有时间回去看一眼。

4 月 18 日，刘同义、张传德、刘洪宇、鞠涛为了做好排水系统的收尾工作，一直忙到了凌晨 3 点。

4 月 19 日，为了迎接第二天的文艺演出，“鸟巢”的一楼厕所必须马上具备使用条件。刘同义连夜带人工作，感应器、灯光的安装与调试，所有的工作都要到位。变压器不够了，就临时从二楼拆装；预留的穿线管子堵塞，只能用铁丝一点点捅开。直到夜里 12 点多，才将所有准备工作就绪……

“鸟巢”的建设号称是 10 万大军，这屈指可数的 10 个人也许是太不显眼了。但是在工地，陈卫东和“陈卫东的人”很有名。北京城建的刘总有事总喜欢直接与陈卫东商量，看到其他员工也会问：“你是陈卫东的人？是山东电建人？”

“山东电建人有政治觉悟、有责任心、信得过！”

做奥运建设者光荣啊！电气高级工程师陈登升说：“上街，带着工作证感觉特别自豪，坐公交车，师傅会微笑着告诉你：奥运建设者免费。”

质检员沈风德每天上下班都会随身带相机，给“鸟巢”照一张。“鸟巢”每天都不一样，再累，都要留下她的样子。

侯作新等公司领导非常关心“鸟巢”援建项目，经常打电话询问项目的进展情况，勉励大家努力干好工作。这份光荣和责任给了大家激情和动力。一个月的工作，“鸟巢”机电工程项目取得了很大改观，无论是施工工艺还是工作进度，都达到了奥组委的要求。在国际竞走挑战赛中，更是运行平稳，未出现任何问题，获得了各方的高度评价。

中信国华的董事长还专门给山东电建一公司的经理打去电话，对工作表示满意。中信国华的总经理也不止一次地评价说：“山东电建人政治觉悟高，组织管理能力强，有责任心，有他们在，电气保障我们更有信心了！”

“为奥运守护，我会尽心尽责。”

在奥运会开闭幕式、奥运赛时的电力保驾护航任务中，援建小组负责“鸟巢”总共 12 个核心筒的电力保驾工作，全面负责保驾过程中的电力巡查、设备监视、故障排除和应急处理等任务，承担着极大的风险和责任。为了确保电力设施的万无一失和尽快处理可能出现的问题，大家可以说是全力以赴。

电气专业照明专家吴绪矿把十几年的照明安装经验毫无保留地应用在了“鸟巢”的照明安装和改造工作上。在他所负责的核心筒区域，从零层到顶层，凡是从动力箱、照明箱出去的负荷，无论大小，他都带领人员一路一路地进行核对并加以标识。他说：“趁现在有时间，把所有的负荷熟悉好、标识好，为奥运保驾时心里才有底，才能在出现问题的时候第一时间把问题解决。”受到他的启发，其他的同志也一路一路地对负荷进行核对、标识。电气高级工程师陈登升在安排消项整改工作之余，在大家核对的回路负荷汇总表的基础上，设计制作了回路负荷明细软件，将 12 个核心筒配电箱的主备路电源进线的前端、一级负荷、末端配电箱、负荷的电力路线输入数据库，只要任意输入一路负荷，一个庞大的电路链接图就出现在电脑上，从它的始端到末端，一旦回路出现故障，就能够有效地指挥应急小组有针对性地进行处理。同时，他还根据以往的电力运行经验，编写了电力电缆、配电箱等电力设施的巡视方案和出现问题的应急处理预案，并对保驾人员进行了培训。细致、严谨、扎实，确保万无一失，就是这些奥运守护神的心愿。

举世瞩目的 2008 年奥运会开幕式华丽壮观、气势恢宏。但是，这些离奥运会开幕式最近的人却成了没有观看到演出的人，在绚丽的色彩、华丽的乐章的演绎中，山东电建人带队坚守在所负责的 12 个核心筒区域，尽职尽责，未出现任何电力设施问题。

盛世华章，背后有山东电建人奉献的汗水。陈卫东这样说：“观看奥运会，我们会怀着别样的心情，别人会更专注精彩的比赛，而我们，希望看到电气保障的万无一失。”

这就是和“鸟巢”结缘的山东电建人，使命与责任、荣耀和骄傲永远是一脉相承的，北京奥运会记住了他们，10 名参与“鸟巢”建设的山东电建人：陈卫东、丁登峰、沈风德、石小朋、吴绪矿、陈登升、刘同义、鞠涛、张传德、刘洪宇。

（内容来源：《华北电业》；作者：时彩琴）

靠能力捧得“长城杯”

“山东一建 2008 年奥运会时来北京干过‘鸟巢’，这是大家备感自豪的事情。而今，我们又干了高井热电厂，我感觉跟干过‘鸟巢’一样的骄傲和自豪！”

在天安门广场以西 30 千米的北京市石景山区高井村，村东一条一人多高、一两百米长的砖墙显得毫不起眼，但在这面墙的东西两侧，却有两个庞然大物，让人无法小瞧，更无法忽视它们的存在。

高井热电厂全景

墙东，是大名鼎鼎的北京市功勋热电厂——高井热电厂，一座建于 20 世纪 50 年代的燃煤电厂，它服务北京半个多世纪，为首都用电、供热和国民经济发展做出了巨大贡献。然而，由于首都大气净化、环境保护的要求，2014 年 7 月 23 日 11 时 25 分，随着时任北京市长王安顺和大唐集团董事长陈进行共同按下关停键，其全部 6 台燃煤机组功率统统归零。至此，高井热电厂正式“退役”，取而代之的是位于墙西这座总投资约 110 亿元的新高井热电厂：一座全新的燃气热电厂。

2014 年 10 月 12 日，山东电建一公司承建的高井燃气热电联产工程“一拖一”机组整套顺利通过 168 小时满负荷试运。试运期间，机组实现自动投入率、保护投入率、仪表投入率、平均负荷率 4 个 100%，各项经济技术指标均达到优良标准，为全部机组实现商业运营画上了完美的句号。

“11 月 15 日北京市将开始今年冬天的供热供暖，眼看经我们手建设的高井热电厂就要为首都人民服务了，真高兴啊！”2014 年 10 月 21 日，记者在高井热电厂采访时，山东电建一公司高井项目经理邵德让掩饰不住满心的喜悦与自豪。

历经两年半的时间，900 多个日日夜夜，在首都北京，在这片承载了国人无数光荣与梦想的沃土之上，山东电建一公司的燃机建设团队面对新机型、新工艺、新要求的挑战，果敢前行，拼搏进取，历经“九九八十一难”，向首都人民交上了一份满意的答卷，也在首都追求绿色发展与科学发展的伟大进程中留下了山东电建一公司浓墨重彩的一笔。

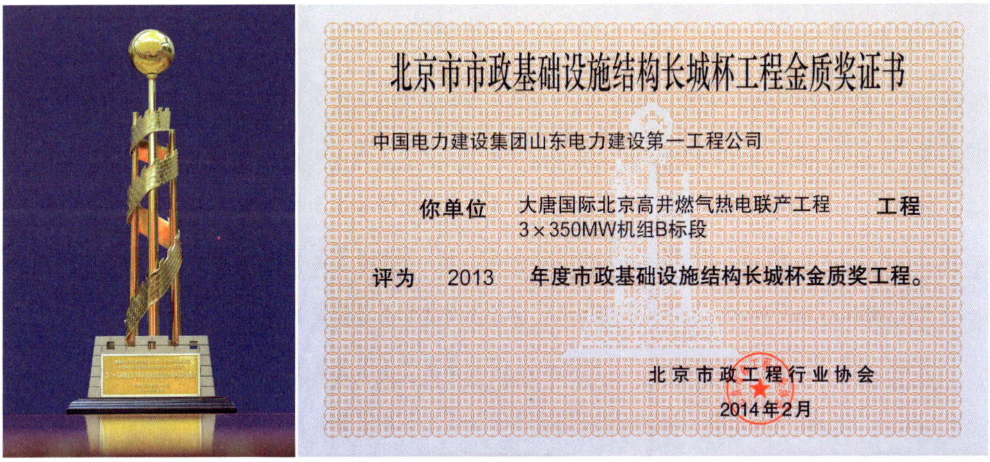

山东电建一公司高井热电联产工程获得的长城杯及证书

“新工程让我们掌握了新技能”

大唐国际北京高井燃气热电联产工程，是北京市四大热电中心重点建设项目之一，也是北京市西部地区重要的热源点和电源点，肩负着为首都北京供热、供电的重任，是实现首都无煤化要求、改善大气质量、优化居民生活环境的重要工程。工程由大唐国际发电公司全资建设，被列为首都的“窗口”工程、形象工程，并明确提出要把该工程打造成“大唐精品示范工程”和全国一流的绿色环保型“城市示范电厂”，争创国家优质工程金奖。

工程选用美国通用电气公司（GE）生产的 9FB 型燃机组成一套“二拖一”和一套“一拖一”机组，总装机容量达 143 万千瓦，供热能力为 96.2 万千瓦，供热面积可达 1924 万平方米。此燃机为亚洲首台，也是世界上最先进的燃机机型之一，燃机技术先进、转换效率高，其采用的 DLN2.6+ 燃烧技术和 MarkVIe 控制技术，可有效降低氮氧化物排放量并提高整套机组的自动化程度。余热锅炉为国内首台 9FB 燃气—蒸汽联合循环机组配套余热锅炉，采用三压、再热、卧式、无补燃、自然循环模式。

从战略意义到新技术、新工艺的示范效应，从北京市委市政府到大唐集团再到电力施工企业，这项工程从一开始就吸引了各方的特别关注，成了名副其实的“明星工程”。山东电建一公司承担了工程“一拖一”机组的建设任务，即一台燃机带一台汽轮机。

“高井电厂采用的 9FB 型燃机是中国电厂采用的第一台这种类型的燃机，山东电建一公司也是第一次接触，所以当初我们揽下这个工程真是既担心又高兴。担心是因为这是个全新的工程、全新的领域，施工中难题肯定少不了，能不能干好心里忐忑。高兴也是因为它是个新工程，代表了燃气电厂未来的发展方向，只要我们干好了，对今后开拓同类型机组市场，提升公司品牌影响力具有重要意义。”邵德让说，这是 2012 年 6 月工程开工时，他的真实想法。

正如邵德让所说，承担北京高井燃机项目，对于素有“电建铁军”美誉的山东电建一公司来说，确实具有开创性意义。

这是山东电建一公司第一个在首都北京建设的电源项目、第一个完整的燃机项目、第一次与大唐国际合作的项目，第一次安装世界上最先进、在亚洲地区首次应用的 9FB 燃气轮机，第一次安装国内容量最大的余热锅炉，第一次建造钢制烟囱，第一次承担城市热网建设，第一次引入二氧化碳捕集系统，第一次建设天然气升压站……这个项目创下了公司历史上九个“第一”，这是一份沉甸甸的使命，更是一份别样的光荣。

“所有这些都给了我们新的挑战和考验，同时也给了我们大干一场的机遇和展现铁军风范的平台”。邵德让深知这个项目的重大意义，更深知现场能力提升的价值所在。在公司的大力支持下，他组建了一支技术能力出众、能打硬仗、战斗力强的团队，决心“以一流的管理、一流的技术、一流的施工，建一流的工程”！这是项目进点时，邵德让对业主的郑重承诺，也是对项目广大干部员工喊出的铮铮誓言。

2012 年 6 月 29 日，主厂房基础开挖，工程建设实现了快速启动。同年 7 月 13 日，燃机基础顺利浇筑第一方混凝土，比原工期计划整整提前一周。“电建铁军果然名不虚传，工程策划科学有序，施工组织雷霆万钧，选你们选对了！”业主打消了对这个“新人”的顾虑。

随后，集控楼基础浇筑完、集控楼框架到顶、汽轮发电机定位就位、试水单体调试完、空压机单体调试完、厂用电受电、启动锅炉点火、锅炉测水压、天然气调压站进气、燃机就位、余热锅炉受热面模块吊装、汽包就位、汽机扣缸、余热锅炉化学清洗、机组冲管、汽机冲转、168 试运……项目建设从一个节点的胜利走向另一个节点的胜利，全部实现一次成功。“一次成优，臻于至善”的质量管理理念随着高井燃机电厂的拔地而起绽放出别样的光彩。

“施工过程中的挑战有很多，余热锅炉模块化吊装就是其中之一。”山东电建一公司高井燃机项目总工程师张兆华这样说。

出于核心技术保护等多种因素考虑，高井电厂主机供应方要求施工中一律实施模块化吊装，即主要设备整体安装，不允许拆分、拼装。较以往炉型而言，模块化吊装无论单重还是个头都堪称“庞然大物”。以余热锅炉为例，其本体钢结构及受热面设计均为模块化，其中钢结构模块共计 10 件，最重件达 62 吨，受热面模块共计 10 件，最重件达 184 吨，全部模块总计 2974 吨。模块化吊装给施工带来了巨大压力，增加了很高的难度。

施工中，山东电建一公司将余热锅炉模块化吊装列为公司科研攻关课题。为最大限度克服因设备到货因素造成的大型设备闲置、机械成本浪费等问题，项目部组织相关技术人员从各种大型吊车工况开始计算、模拟演示，对施工方案进行反复的讨论和优化，最终确定了最符合实际、最经济、最有效的吊装方案：将钢结构模块吊装由原定的 M2250/250 吨履带吊调整为 130 吨（240 吨）汽车吊，汽车吊根据钢结构模块到场情况合理租用；受热面模块吊装的 SCC6300/630 吨履带吊、M2250/250 吨履带吊进场时间根据设备进场的实际情况合理安排，采用模块集中到货后连续吊装的方法。方案优化后，不仅大大提高了吊装效率，保证了整体吊装一次成功，而且较之前的机械预算节省了 102.8 万元，为此后同类型机组施工积累了宝贵的经验。

“这个项目让我们受了不少罪，但也让我们的现场施工、管理能力得到了很大提升，让我们掌握了许多新技能。如果不是亲身经历这样的挑战，恐怕我们永远都是这些先进技术的门外汉。”邵德让说。

“新工程为我们培育了新人才”

将近两年半的工程实践让施工人员全面掌握了 9FB 型燃机安装等一系列先进技术，让他们走到了燃气电站建设的世界前列。如果说这是山东电建一公司承建高井热电项目的最大收获，那么通过承揽此工程培育和造就了一批燃气电站建设的专业技术人才，则是山东电建一公司这支电力建设劲旅收获的另一个巨大成果。

作为山东电建一公司承建的首个完整燃机项目，高井项目建设从一开始就面临着燃机人才缺乏、燃机建设经验不足的问题。为此，项目部广泛收集其他燃机建设的资料，组织大家内部系统培训、外部参观交流，一点点积累，一步步摸索，努力积累燃机建设技能和经验。

在工程建设中，项目部重点抓好燃机建设施工资料的收集、整理，加强阶段性施工总结，努力为公司今后的燃机建设积累更多宝贵经验。项目经理邵德让更是带头搜集资料，他的办公桌上总是放着各种各样的燃机材料，员工们都开玩笑地说：“工程中有什么不懂的地方，去邵经理桌上查就行了，比百度还实用。”

项目部要求各部门百倍珍惜北京高井项目的“练兵”机会，做好人才的传、帮、带工作，以现场赢市场，通过项目的历练，打造一支知识丰富、技能突出的燃机建设专业人才队伍，为提升公司在燃机电源市场的竞争力、进一步开拓燃机市场奠定坚实基础。

“9FB 型燃机安装我们学会了，模块吊装我们拿下了，CCS 技术我们也掌握了，燃机顶轴油系统压力试验我们也做成了……可以说，通过高井燃气电厂建设，我们培育了一大批能独当一面的复合型人才，为山东电建一公司乃至中国电建未来建设燃气电站储备了人才。”邵德让说。

邵德让所说的“CCS 技术”即二氧化碳捕集和封存技术。简单地说，二氧化碳捕集就是利用洗涤、吸附、分离、再生等技术将二氧化碳从燃烧废气中捕捉收集出来，输送至特定地点储存或直接用于其他制造产业。此技术可有效减少二氧化碳排放，减少对温室效应的影响，是国际上应对未来环境压力和碳排放压力的主要对策之一，在碳减排方面具有巨大的技术潜力，备受全球瞩目。

二氧化碳捕集项目在我国个别燃煤机组中已初步使用，但应用于燃气机组项目还是第一次，是燃机电厂环保净化的新课题。高井燃气热电联产项目是全球第一个在燃气电厂开展 CCS 技术研究的示范项目，是大唐国际与亚洲开发银行联手的结果。旨在通过项目合作，评估 CCS 技术在燃气机组上应用的可行性并探讨相关的政策措施，为我国进一步探索 CCS 应用提供重要的技术、经济和政策指引，使该技术成果得到推广，以造福社会。

山东电建一公司高井项目部深度参与了 CCS 技术的实施，已全面掌握了这项世界顶级的碳减排技术，为今后从事此领域技术工程打下了良好基础。

张志祥是山东电建一公司北京高井项目部锅炉施工处主任，高井电厂余热锅炉模块吊装的主要工作都是由他带领团队设计方案并实施完成的。他说，在高井项目之前，连他都不知道模块吊装该如何来做，而干过高井项目之后，他和他手下的好几个弟兄都可以独当一面领着工人干了。

在吊装燃机过程中，项目部采用了液压门式起重机吊装，这是一种科学先进、安全高效的吊装方法，能够实现智能自动控制、同步顶升、同步行走，能够确保燃机吊点的垂直吊装，对以后燃机的吊装有很好的指导和示范。项目部认真梳理和总结液压门式起重吊装的经验，自主出台的《液压门式起重机吊装燃机施工工法》科研成果在 2014 年 4 月被确定为电力行业工法。

“新工程叫我们有了新自豪”

近年来，包括首都北京在内的广大华北地区的环境污染特别是大气污染问题十分严峻。为了还首都一片长久的蓝天，造福人民群众，北京市提出，在 2016 年底前，关停现有全部 4 座大型燃煤热电厂，高井燃煤热电厂就是其中之一。

高井燃气电厂控制系统采用 ABB 公司的 Symphony Plus 集中控制系统，燃机采用 MarkVIe 控制系统。全厂生产系统主、辅设备全部在集控室实现集控运行，机组具备一键启停的功能。该机组烟尘排放几乎为零，同时采用低氮燃烧器加烟气脱硝装置，可大大降低氮氧化物排放量。

据统计，与同等发电能力且加装脱硫脱硝装置的燃煤机组相比，高井热电厂燃气热电联产工程每年可减少二氧化硫排放 1350 吨、氮氧化物排放 2200 吨、二氧化碳排放 195 万吨，对有效控制大气污染物排放、改善北京市大气环境质量、满足北京市供热需求、优化能源结构、保障能源供应安全起到了有力的促进作用，为北京市环境质量和服务冬季供暖做出巨大贡献。

邵德让说："掌握技能固然重要，培育人才固然可喜，但作为一个山东电建人，能在北京承揽一项大工程，为首都大气环境改善、为首都人民用电取暖需要做出一份贡献，才是项目部全体员工最感自豪的事。"

"电建铁军，卓越品质"，过硬的工程质量，是山东电建一公司这支电建铁军立足市场的核心竞争力之一。业主对工程提出了最高的目标要求，而对于 4 次鲁班奖，50 余次国家优质工程金奖、银奖、省优（部优）工程奖和优秀焊接工程奖得主的山东电建一公司，北京高井项目绝对又是一次冲击建筑界最高荣誉的良机。项目部领导超前策划，在最短的时间内建立健全了项目质量管理体系和网络。一方面抓好内部质量培训，不断提高各级管理人员和施工人员的质量意识和专业技术能力；另一方面加强制度建设，制定了《工程质量创优策划和实施措施》《防治质量通病措施》等一系列有效措施，强化各项措施和管理制度"落地"，实施全方位质量过程管控，时刻绷紧质量安全这根弦。同时，编制了《北京高井工程亮点项目策划》，制作了专业亮点项目样板展示牌，突出亮点项目的样板引路作用，用心打造精品工艺、精品工程。

2014年2月，2013年度的北京市市政基础设施结构"长城杯"奖评选揭晓，山东电建一公司承建的 B 标段被北京市政工程行业协会评为"2013 年度市政基础设施结构长城杯金质奖工程"，又捧回了一份沉甸甸的荣誉。

"长城杯"之于北京，犹如"鲁班奖"之于中国，那是北京市工程建设的最高奖项。山东电建一公司这支电建铁军靠能力、靠实力，在北京打造了一座现代化的"新长城"。这是山东电建一公司又一张闪光的名片，也是当之无愧的光荣。

2012年6月，邵德让和他的团队初到高井热电厂施工现场时心里还装着一个大大的问号，如今，这个大大的问号早已被他们的手拉成了大大的惊叹号！

10月21日下午4时许，在美丽的夕阳中，在高井村东头那道毫不起眼的砖墙西侧，看到的是新生的高井热电厂——国外设计师独具匠心的外观设计，绚丽跳跃的色彩构成，不仅使它看起来俨然一件艺术品，更赋予了其生机——那代表着热电厂的未来。

（内容来源：《中国电力建设报》；作者：韩磊）

“铁军”转型

山东电建一公司系统研判国内外形势，紧跟集团公司发展战略和改革思路，探索出了一条改革创新、转型发展之路。2013 年 1—5 月，公司中标国内外项目 26 个，合同金额达 52 亿元；国内外在建项目达到 42 个，再次创造了企业发展历史之最。

观念突围从被动出击到主动超越

主辅分离改革的完成，把电力施工企业从舞台的边缘推到了舞台的中央，发展环境的巨大变化为各成员企业带来了更多的机遇，也带来了全新的挑战。

面对前有标杆、后有追兵的形势，山东电建一公司对充分竞争的市场性质和市场需求导向进行了重新认识和评估，培养员工树立不断超越的危机意识、国际化发展意识和精益化发展意识。一方面，公司将国际业务定位为企业核心业务、“一把手”工程，努力树立全球化、国际化的视野和开放包容的心态，在人才选用、管控模式、组织架构、资源配置、政策激励上充分体现优先级战略，实施跨文化管理和本土化管理，助推国际业务不断前行；另一方面，积极改变传统工作方法和管理模式，以降本增效为目标，提出“总部是利润中心，项目是成本中心”的新管控理念，努力实现由施工企业向工程管理公司转变，由劳动密集型向管理技术密集型和质量效益密集型转变，由管理粗放型向精益化和集约型转变。

市场是企业发展的龙头。山东电建一公司把保订单、保发展作为全年工作重点，明确通过多方举措加大市场开发力度，提升市场开发业绩。

在国际市场上，公司积极推进高端营销，拓展业务覆盖地域，加强国际项目顶层规划与设计，成立了巴西分公司，赋予巴西和印度两个办事处的市场开发职能，充分利用自身能力和影响力以及公司品牌推进国际市场营销。

在国内市场上，公司大举进军西部电建市场，先后中标了塔什店、五家渠、阿拉尔、准东、农六师、玛纳斯、哈密、五彩湾、华威和田等一系列项目，形成了新疆区域化发展的新格局。

管理升级从相对粗放到精益集约

山东电建一公司着眼企业长远发展，以三项制度改革和管理提升活动为抓手，积极推动管理方法和管理体制的创新，率先大刀阔斧地推进了总部机关改革，按照组织扁平化管理的要求，把总部原有的 18 个管理部室压缩为 12 个，撤并国际工程总公司为海外事业部，纳入总部统一管理，精简了部门数量，明确了部门职责，减少了工作接口，理顺了管理流程。同时，通过三项制度改革为员工搭建起发挥才干、施展抱负的广阔平台。

经营是企业发展永恒的主题。公司提出“经营指导生产，资金引导经营”的经营理念，力求在生产过程中解决资金问题和项目亏损问题。

项目是生产的主体，也是经营的主体。公司在经营理念的基础上，提出“总部是利润中心，项目是成本中心”的管理定位和理念，大力加强利润和成本两个中心建设；同时不断健全和完善全方位经营考核体系，变上缴“管理费用”为“目标成本”考核，增设“成本降低率”和“收入增加额”指标，设立项目经营 3 条警戒红线和资金管理 6 大考核指标，实现对项目部经营的全方位、全过程精细管控。

发展品质从精工优建到绿色科技

2012 年，山东电建一公司承建的平顶山电厂百万千瓦机组“梅开三度”，接连荣获中国电力优质工程奖、全国优秀焊接工程一等奖、国家优质工程金质奖等三项殊荣，成为当年最闪亮的“明星工程”。公司承建的大唐平阴风电和华能塔什

河南平顶山电厂百万千瓦机组工程

店电厂四期工程也分别荣获 2012 年度和 2013 年度中国电力优质工程奖。

以电建铁军优质品牌为依托，公司大力实施多元化发展战略，在设备、科技、检测、物贸等业务上成果斐然。精心研发的 FZQ 系列塔机起重机，投产以来占据国内 75% 的市场份额，并远销印度、越南等国际电建市场，其中 FZQ2200 科技成果项目入选山东省重点领域国内首台（套）技术装备项目。仅在 2012 年，公司就完成科技成果 20 多项、质量控制成果 15 项，获授权发明专利 1 项、实用新型专利 16 项。

在风电建设领域，公司先后中标了 17 个风电项目，高质量建成莱州驿道二期、大唐平阴、龙源滨州、鲁能甘肃瓜州等多座风电场。

鲁能康保风电场

2012 年 5 月，公司中标首个生活垃圾发电新能源项目——聊城城市生活垃圾焚烧发电安装工程。

近年来，公司先后建成山东高唐、河南浚县、河北吴桥、山东临沂等 10 余个生物质发电项目，成为电建系统中承揽生物质项目最多、品质最好的施工企业。一座座绿色环保电厂拔地而起，为社会主义现代化建设提供了强劲的绿色动力，也为美丽中国目标的最终实现不断添砖加瓦。

（内容来源：《中国电力报》；作者：郭凯）

肆

新时代放歌

进入新时代以来，一公司人坚持以习近平新时代中国特色社会主义思想为指导，锚定高质量发展目标，推进企业发展质量变革、效率变革和动力变革，企业转型和集团化发展不断迈出新步伐、获得新成就，始终保持强劲的发展势头，以实际行动践行央企的使命与担当。

“一带一路”上的中国速度

2017年7月3日，由山东电建一公司承建的萨希瓦尔电站竣工庆典仪式在巴基斯坦旁遮普省萨希瓦尔市隆重举行，这标志着中巴经济走廊框架内首个大型能源项目全面建成并投产发电。

山东电建一公司承建的萨希瓦尔电站开工庆典

中巴经济走廊（CPEC）的起点在新疆喀什，终点在巴基斯坦瓜达尔港，北接“丝绸之路经济带”，南连“21世纪海上丝绸之路”，是贯通南北丝路的关键枢纽。萨希瓦尔电站是中巴经济走廊优先实施项目，也是共建“一带一路”倡议的重点工程之一。该电站的建设，对有效缓解巴基斯坦电力短缺现状，改善民生，促进巴基斯坦经济社会发展，以及巩固中巴友谊和两国关系，具有十分重要的意义。

萨希瓦尔电站自 2015 年 7 月 31 日开工建设，至 2017 年 6 月 8 日顺利完成电站两台机组全面建成投产的奋斗目标，创造了中国电建集团海外同类型机组建设速度新纪录。该电站已成为中巴经济走廊建设速度最快、装机容量最大、技术领先、节能环保的高效清洁燃煤电站，被巴基斯坦政府誉为“巴电力建设史上的奇迹”，在“一带一路”沿线树立了中国电建品牌。

萨希瓦尔电站全景

萨希瓦尔电站由中国华能山东发电有限公司和中国山东如意集团共同投资建设，中国电建集团旗下的山东电建一公司负责主体工程施工，项目计划建成两台66万千瓦超临界燃煤发电机组。电站建成后，预计年发电量可达90亿千瓦时，能够满足巴基斯坦1000万人口的用电需求，有望填补巴基斯坦1/4的用电缺口。

萨希瓦尔电站建设从安全管理、建设速度、工程质量、试运（行）指标、节能环保等方面严格依照高标准，确保了建设的圆满完成。项目自建设启动到投产发电，全面实现了安全“零”事故目标。

山东电建一公司原党委书记、高级工程师韩建慧说：“公司承担了萨希瓦尔电站的主体工程建设，电站建设所需的主要设备材料均由中国制造，我们在施工过程中采用中国标准，使中国标准在巴基斯坦生根、开花、结果。”

萨希瓦尔电站项目安全与环境工程师阿西夫·拉扎说：“从电站奠基之时起，我便参与到项目建设中。作为一名安全与环境工程师，我对电站机组所采用的先进超净排放技术充满信心，电站在产生经济社会效益的同时，还将确保符合严苛的绿色环保要求，电站建设为巴基斯坦相关行业树立了新的标准。”

阿西夫为能够参与电站建设感到非常自豪：“巴中建设者们在密切合作的过程中，建立了深厚的友谊。这座电站为当地创造了大量就业岗位，对改善当地民生发挥了积极作用。中国建设者们的专业、敬业和奉献精神，令人深受鼓舞。”

在阿西夫看来，中国兄弟不仅将先进的发电机组和技术带到巴基斯坦，更在建设期间将施工、管理和电站运营等宝贵经验传授给了巴方，这将利于巴基斯坦的长远发展。

山东电建一公司萨希瓦尔燃煤电站项目经理段长杰表示，电站采用世界领先的超临界技术，运行参数和热效率较高，并且在传统锅炉的基础上增加了低温省煤器，提高热能利用率，可为巴基斯坦年节约 10.8 万吨标准煤，在项目建设期间，为当地创造逾 2000 个就业机会，并为巴方培养了近百名工程师。

巴基斯坦萨希瓦尔 2×66 万千瓦燃煤电站工程荣获 2018—2019 年度国家优质工程金奖

中央电视台、《人民日报》、新华社先后对项目投产进行报道，中国外交部发言人在记者会上说：“我们非常高兴看到‘一带一路’建设包括中巴经济走廊的建设给沿线国家和人民带来福祉。我们愿与包括巴基斯坦在内的各国人民一起努力，本着共商、共建、共享原则推进相关建设，让共建‘一带一路’倡议给有关国家和人民带来更多实实在在的利益。”

（内容来源：人民网；故事整理：刘学良）

美丽山上书写美丽故事

广袤的南美大地，有一片绵延 560 万平方千米的湿地阔叶林区，它犹如一张宽阔的绿色地毯，覆盖南美洲四个国家。这里有地球上保存最完好的原始森林、最丰富的植物种类和最珍稀的野生动物。热带雨林的广袤无边和野生物种的无与伦比，让这里成为一部现实版的“自然百科全书”，其中蕴藏了无数未知与新奇，自然之美、造化之妙在这里被体现得淋漓尽致。

它，就是亚马孙平原，世界上面积最大的平原，被誉为生命王国和地球氧吧。

2014 年 2 月，山东电建一公司从这片令人神往的土地出发，承建了拉美第一条、世界第四条 800 千伏特高压直流输电线路——巴西美丽山特高压输电工程，在世界特高压输电领域展现了中国电建集团的责任担当和独特实力，上演了电建版的冲出亚马孙传奇。

巴西美丽山 ±800 千伏直流特高压输电项目

世界第四，拉美第一，美丽山让世界“瞩目”

在巴西亚马孙雨林中，有一片昼夜施工的工地，这片工地因中国公司参与了其特高压输电工程，而被更多国人熟知。这就是巴西美丽山水电站工程。

巴西美丽山工程从 20 世纪 80 年代就开始筹备，不过，由于环保人士和当地印第安人的抗议，工程迟迟不能开工，图纸上的规模也不断减小。直到 2012 年，该工程才正式启动，建成后的总装机容量为巴西第二、世界第五，仅次于三峡、伊泰普、溪洛渡和白鹤滩四大水电工程。

巴西美丽山 ±800 千伏直流特高压输电项目

由于巴西经济和社会的发展，全国电力供应不能满足需求，水电站的建设非常迫切。但是，亚马孙雨林是地球的一片“绿肺”，建设水电站对生态环境的影响受到了国际社会的关注。同时，这里又生活着众多印第安人，没有印第安人的同意，工程也无法上马。考虑到这些因素，工程建设单位可谓做足了“功课”。用于各种社会项目的投资占到了工程总投资的 13%，这些社会项目包括动植物拯救、印第安人补偿、安置受影响居民、城市基础设施建设等。

美丽山水电站需要的输电线路涉及地域广阔、跨度庞大且环保技术要求苛刻，这让众多的意向参建方望而却步。也正是由于这种高标准、高门槛、高难度，为我国的特高压技术提供了施展拳脚的广阔舞台。

特高压是我国为数不多领先于世界的重大自主创新技术，它具有容量大、距离远、损耗低、占地省的综合优势和技术领先、运行安全、经济高效、绿色环保等特性，而且规模经济性和网络经济性突出。发展特高压输电，是满足巴西能源发展需要的一条切实可行的道路。

2014 年 2 月，国家电网公司与巴西国家电力公司、巴西福纳斯联营体成功中标巴西美丽山一期项目，成为中巴电力合作领域新的里程碑。2014 年 7 月，在习近平总书记与时任巴西总统罗塞夫的共同见证下，国家电网公司与巴西国家电力公司签署了《巴西美丽山特高压输电项目合作协议》。2015 年 5 月，时任国务院总理李克强与时任巴西总统罗塞夫共同出席了项目奠基仪式并为奠基揭幕。2015 年 7 月，国家电网公司、巴西国家电力公司和西班牙奥本加集团中标巴西美丽山水电 ±800 千伏特高压直流送出二期特许经营权项目，首次实现在海外独立开展特高压输电项目的投资、建设和运营。

美丽山一期项目是巴西第二大水电项目——美丽山水电站的 ±800 千伏特高压直流送出工程，包括新建 ±800 千伏直流输电线路 2084 千米、新建 400 万千瓦的 ±800 千伏欣古换流站、385 万千瓦的 ±800 千伏伊斯坦雷都换流站和两端接地极及接地极线路。二期计划新建 2250 千米的 ±800 千伏特高压直流输电线路、两端换流站及相关配套工程，输电能力达 400 万千瓦。一期和二期项目建成后，将形成良好的协同效应，构建巴西南北特高压互联的大通道，为南北美洲电网互联奠定良好基础。

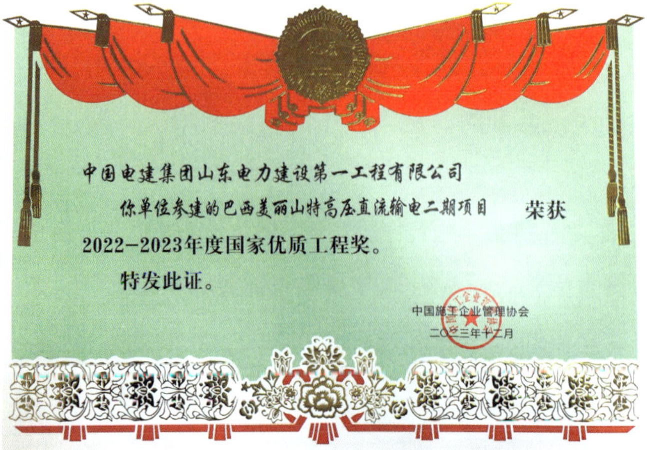

山东电建一公司承建的巴西美丽山特高压直流输电二期项目荣获国家优质工程奖

一流的工程必须选择优秀的队伍去执行。在工程施工承包商竞逐中，有着“懂水熟电、擅规划设计、长施工建造、能投资运营”综合优势，在南美市场有着丰富经验和较高知名度的中国电建集团成了最大赢家。公司旗下的山东电建一公司从 2006 年承建巴西坎迪奥塔项目开始，已经在巴西市场耕耘了 10 多年，作为骨干施工承包商，他们积极配合业主联合体参加投标报价，在激烈的竞争中脱颖而出，一举拿下一期 8 个标段中的 3 个，输电线路总里程约为 780 千米，成为中标额最大的承包商。在二期竞标中，山东电建一公司和上海电建福建公司再次双管齐下，中标 10 个标段中的 5 个，线路总长为 1256 千米，成为最大赢家。

美丽山特高压项目建成后，将成为拉美首条、全球第四条使用 800 千伏直流特高压输变电技术的线路。中国电建集团将是这个记录的见证者、创造者、推动者。

鏖战亚马孙，中国电建在逆境中展现绝对实力

巴西当地时间 2017 年 7 月 28 日上午 10 点，山东电建一公司巴西公司输变电二部沸腾了，全体中外员工互相祝贺、拥抱、感谢，大家都被从现场传来的 1306/2—1309/2 最后一个放线段导线展放顺利完成的喜讯鼓舞着、振奋着，项目部的几个监理也伸出了大拇指，为 SEPCO1 点赞。

该放线段的完成，标志着 SEPCO1 承建的巴西美丽山 ±800 千伏一期特高压直流输电工程第 5 标段比计划工期提前 30 天完成，创造了 ±800 千伏特高压直流输电线路导线展放最高效率纪录。

有过人之处，自有不凡之处。在充满未知、布满荆棘的亚马孙热带雨林区创造如此非凡纪录，让人“不可思议”。

美丽山一期工程分为 8 个标段，巴西承包商 Sao Simao 第 6 标段于 2016 年 8 月 17 日开始展放导线，另一家承包商 Tabocas 第 3 标段也于 2016 年 9 月 28 日开始展放导线，而业主工期要求的开始展放导线的时间是 2016 年 11 月 10 日，巴西同行已经提前开始放线工作。此时，由于项目基础和组立塔施工还面临较大的进度压力，业主也不断催促尽快开始放线工作，内困外扰，压力重重。

不被困难吓倒，就要突破常规把困难打倒。作为世界 500 强企业，作为美丽山工程的主力承包商，中国电建集团必须拿出真本事，决不能也决不允许掉链子！有条件要上，没有条件创造条件也要上！

负责该标段工程施工的山东电建一公司巴西公司输变电二部没有自乱阵脚，经过认真讨论，决定集中力量先抢基础和组立塔施工，统一思想，统一目标，统一行动，提前 40 天完成了基础施工，超前完成组立塔施工，为展放导线创造了有利条件。

2017 年 2 月 17 日，项目部顺利实现了自行组织放线的“第一牵”，但此时已滞后合同工期 107 天，压力依然巨大。项目部没有盲目增加放线团队人员，而是认真分析放线流程，找准关键点和发力点，打破巴西业内常规做法，策划并实施一个放线团队、两套设备、人员不停、设备交替的放线施工方案，最大限度发挥了资源的利用效率。

同时，输变电二部打破以往“中方为主、巴西为辅”的管理模式，在生产、技术、施工等方面，全面实行本土化管理，授予巴西高管、工程师和施工管理人员充分的权限，以他们的意见为主，大大激发了巴西员工工作的积极性和主动性，改变了以往巴西员工被动执行、消极工作的局面。同时，项目部因地制宜，将公司管理制度和巴西输电线路管理有效结合，积极探索，建立了一套简单、易行的项目管理制度，中葡文对照，有效保障了巴西管理人员在生产技术管理上的权利和责任。为了更好地激励巴西员工，项目部还制定了“产量决定工资上限，安全质量一票否决”的考核激励管理办法，对巴西员工进行月度考核，并按结果兑现，定期对优秀巴西员工进行表彰，取得了明显的激励效果。

要带领好巴西团队，仅靠授权和管理还不够，还必须主动去尊重、关爱他们，自觉维护他们的权益，赢得他们内心的认可。山东电建一公司从学法用法开始，根据巴西公司的《人力资源管理制度手册》，对项目员工进行培训，系统学习巴西公司《“以案说法”读本》《“劳工管理知识点”汇编》《NR 系列法规》，自觉维护劳工权益。把关心巴西员工体现到每一个细节上，为巴西员工提供标准化宿舍，配备专业营养师，在炎热季节为现场施工人员购置制冰机，提供冰块降暑，定期走访困难巴西员工，建立困难巴西员工档案，组织巴西员工喜欢的足球赛，在巴西传统节日分发中国特色小礼物……一系列接地气、暖人心的切实举措，拉近了中巴员工的距离，营造了和谐奋进的工作氛围，把中巴员工的心紧紧地凝聚在一起，成为工程高效推进的重要推动力。

就这样，260 千米线路，跨两州九市，征用、修筑 500 多条各级道路，跨越 20 处电力线，过 480 个塔，运输布置展放 2436 盘近 3150 千米导线，安装 43762 片绝缘子，在 5 个月一半旱季一半雨季、接近极限的期限内，前方组立塔、材料盘点、缺件补供、物料投放、跨越手续、与农场主协商不能有任何耽误，过程中监督、问题处理、机械维护、紧急情况应对不能有任何延误，后方设备材料周转、场地清理、环境恢复不能有任何疏忽，中巴员工勠力同心，围绕共同目标，发挥团队战斗力，向着最后的胜利阔步前进。第 5 标段从 2 月底起步开始即进入放线高速通道，6 月 2 日提前 4 天完成了放线 60% 的里程碑节点，7 月 27 日提前 30 天完成全部导线展放工作，全线 260 千米仅用 5 个月零 10 天便完成了放线施工，实现月均展放导线 50 千米的高速度，远超该工程其他承包商月均展放导线不到 30 千米的速度，并在 6 月实现了单月展放导线 60.5 千米的全线施工效率最高纪录。

逆境之中不屈不挠，困境之中展现团队力量和品牌实力，中国电建人做到了。

在鲜花和掌声的背后，一定是默默的付出和辛勤的汗水。美丽山项目的推进牵动了太多人的目光，凝聚了太多人的心血。集团公司党委、电建国际公司、集团美洲区域总部对项目的建设给予了高度关注和大力支持。山东电建一公司和上海电建福建公司等参建单位，派出最得力的精兵强将参与项目建设。分管巴西业务的山东电建一公司副总经理陈卫东长期坚守巴西总部，一年有一大半的时间在巴西各地联系协调工作；公司工会主席郭宝辉在炎炎夏季，不远万里亲赴美丽山项目一线，为中巴员工送清凉，真正把凉爽送到了员工的心坎里；巴西公司执行经理管懿和党总支书记冯战伟常年奔走于项目前线，哪里工程施工紧、任务重，哪里就有他们的身影；年轻的输变电技术员宋维洋一进公司就主动请缨去了巴西输变电项目一线，在巴西一干就是 4 年，被誉为现场“活地图”，成了年轻人学习的榜样。

互利共赢，美丽山项目为金砖模式树立典范

巴西是金砖国家的重要成员国，是我国的第十大贸易伙伴，也是我国在拉美地区的第一大贸易伙伴、第一大投资目的地国和第二大工程承包市场。

巴西美丽山项目有力地诠释了合作共赢的金砖精神和共商、共建、共享的金砖理念，为金砖模式树立了典范。

美丽山二期项目是中国企业独立中标建设运营的项目，承建这个项目将有力地推动国内特高压输电技术、装备和工程总承包一体化“走出去”。根据项目投资估算，预计将带动超过 50 亿元人民币的国产高端电力装备出口，推动国内优势电工装备企业到巴西当地设厂。同时，项目还将带动巴西当地电源、电工装备、原材料等上下游产业，为当地创造 1.6 万个就业岗位，实现双方互惠合作。

巴西当地时间 8 月 26 日，《巴西帕拉邮报》刊登了山东电建一公司承建的美丽山 ±800 千伏直流特高压输电线路（一期）二标段项目在当地帕拉州的工程建设及社会履责情况，引起了强烈反响，大大提高了中国电建集团在当地的知名度和美誉度。

值得一提的是，该报还以美丽山项目为由头，简要报道了中国电建集团作为世界 500 强企业在全球工程设计和电力建设等领域的领先地位，在 108 个国家

执行勘测设计咨询、工程承包、对外投资、装备制造、贸易供货项目等国际业务的情况，表扬了中国电建集团在各个国家和地区为当地建设和投资做出的巨大贡献。

在美丽山项目施工过程中，山东电建一公司等工程承包商在中国电建集团国际化战略的指引下，坚持“合作共赢”，在授人以鱼的同时做到授人以渔，以国际化的大格局、大视野、大胸怀，努力搭建中巴友谊桥梁，践行央企的责任与担当。

项目单位注重双方沟通与合作，和当地工会、政府保持良好的关系，赞助扶持当地文化产业和公益事业，支持巴西当地文化节日，做到文化理念的共融和互信。大力实施人力资源本土化，在山东电建一公司巴西公司的 2765 名员工中，外籍员工达到 2610 人，占到员工总数的 94.4%，仅美丽山项目就为巴西当地提供了 3995 个就业岗位，有力地拉动了当地就业。由于项目部制定了科学的外籍员工用工激励制度，公司的就业岗位具有相当大的吸引力。美丽山一期第 5 标段进入收尾阶段时，许多巴西员工主动要求留下来到美丽山二期第 5 标段工作，希望继续做一名中国电建集团的员工。

在亚马孙丛林里建设美丽山项目，环境保护是必须面对的任务和课题。项目施工区域具有森林覆盖率高、地形崎岖不平、沿线道路少、路况差的特点，许多桥梁需要加固修复，所属地人文环境恶劣。山东电建一公司把在国内推广的“绿色均衡”施工理念应用到了巴西，在保证施工安全、施工质量的前提下，有计划、有比例、有节奏、有顺序地进行施工组织，不浪费物料，不急于求成，最大限度地减少对自然环境的破坏。在现场施工中，施工人员着重保护线路途经施工区域的自然环境，为满足线路对地安全距离及减少对森林保护区的破坏，全线均设置增高自立塔。同时，全力建设维修途经道路，共为当地修复、新建大小桥梁 65 余座、道路 1541 千米，为当地交通基础建设贡献了巨大力量。

风物长宜放眼量，美丽山将开辟“美丽未来”

巴西是拉美第一经济大国，地域辽阔，输电规模及互联电网跨度庞大，加之电力监管政策稳定，吸引了众多投资者的目光。

巴西计划每年增加 125 亿巴西雷亚尔投资发展电力，到 2020 年，总装机容量达到 185 吉瓦。电源建设必定带动输变电建设。巴西在 2021 年新建了 168 条输变电线路，增加数超过 4 万千米，增加幅度超过 40%，这为巴西公司进一步开拓巴西输变电及电力建设市场提供了广阔空间。

与巴西的情况相似，在“一带一路”倡议的大背景下，地广人稀的沿线国家同样对电力输送有很大需求，这使得特高压成为继高铁、核电后，中国制造业出海的第三张名片。

承建美丽山特高压直流输电线路工程，犹如一把金色的钥匙，进一步打开了中国电建集团进入世界特高压线路建设之门，扩展了巴西和拉美输变电市场，对山东电建一公司在国际特高压领域积累业绩、打响品牌，拓展业务领域、实现转型升级有着重要的推动意义。

丝路筑梦，金砖闪耀。在美丽山，在更远的未来、更广阔的国际舞台，中国电建集团正怀揣梦想，笃定前行，开创令人憧憬的“美丽未来”。

（内容来源：中国电建网；作者：郭凯）

铁军担当

山东电建一公司电建铁军突击队驰援莱西抗疫

人类迈入 21 世纪第三个十年，一场突如其来的新冠疫情席卷全球。

沧海横流，英雄本色。

习近平总书记亲自指挥、亲自部署，在党中央的坚强领导下，“中国号”巨轮劈波斩浪、风雨前行。经历顽强奋斗和巨大牺牲，中国有效遏制了病毒传播，为全球战“疫”做出了重要贡献。

牢牢守住“企业阵地”，全力支援湖北，推进复工达产，全面抓实常态化疫情防控，山东电建一公司用优异战绩践行忠诚，用奉献体现央企的使命和担当。

众志成城　同心战“疫”

“要把人民群众生命安全和身体健康放在第一位，制定周密方案，组织各方力量开展防控，采取切实有效措施，坚决遏制疫情蔓延势头。”

2020 年的新冠疫情是新中国成立以来发生的传播速度最快、感染范围最广、防控难度最大的一次重大突发公共卫生事件。

生命重于泰山。

疫情就是命令，防控就是责任。

山东电建一公司党委认为，作为中央企业，要切实扛起疫情防控责任，做到守土有责、守土尽责，坚决打赢疫情防控阻击战。

1 月 23 日，公司党委制定下发《新型冠状病毒肺炎专项应急预案》，明确应急报告和处置流程。

1 月 28 日，公司党委召开防控新型冠状病毒肺炎疫情工作部署会议。成立由党委书记、总经理主要领导任组长的新型冠状病毒疫情防控领导小组和工作办公室，吹响众志成城、齐心战“疫”的集结号。

一道道指令从疫情防控工作领导小组接连发出：关于加强总部办公楼出入管理的通知，关于做好疫情排查工作的通知，关于实行每日值班疫情“零报告”制度的通知……

疫情如火，军令如山。

全公司立即进入战时状态，党员干部提前结束休假，迅速回到工作岗位。

总经理工作部实施 24 小时值班制，随时收集各方信息，做好上情下达、下情上传；党委工作部制作抗疫专题微信，引导员工消除恐慌心理，做好个人卫生防疫，自觉不造谣、不信谣、不传谣；职工医院联系各方资源采购消毒液、测温枪、口罩、防护服等应急物资，为抗击疫情提供物资保障；信息管理部迅速启动“云视频 + 管理”提升工程，云视频会议系统覆盖到企业生产运营的每一个角落；

物业公司加强值班值守，做好测温登记，筑牢疫情防控第一道屏障；其他各单位闻令而动，积极响应。

1 月 29 日下午 4 时，公司有 196 个项目分布在全国 20 多个省、自治区、直辖市和国外 12 个国家，每个员工的所在位置、旅行轨迹、健康状况等从四面八方汇总到疫情防控领导小组和工作办公室。

疫情之下，人人是战士，个个都出力。

职工医院作为公司专业医疗团队，全院人员提前结束休假，全部按时归队。

护理部主任孙晓燕、王同岑等几位转业军人，第一时间向组织递交了请战书："我们是受党和部队教育多年的专业医务人员，抗击疫情我们责无旁贷，必须处处争先，以军人的作风、以党员的标准，义无反顾地随时准备奉命奔赴第一线，为战胜疫情贡献自己微薄的力量甚至生命。"

"若有战，召必回"，中国军人的家国情怀已深深融入她们的血脉，虽然脱去了军装多年，她们依然是那抹最亮丽的风景。

按照济南市政府安排，职工医院同时负责辖区内隔离观察的 102 户居民的监督和防护。面对感染风险，贾宝峰大夫和他的团队义无反顾，每天坚持对隔离人员进行体温检测，对生活垃圾进行收集、分类和消毒，及时向上级汇报隔离人员情况。

6个人参加，10分钟仪式，没有客人的婚礼，简单而又温馨。农历正月初六，原本是职工于红艳结婚的大喜日子，然而突如其来的新冠疫情，打乱了她所有的美丽计划。

她和爱人商定，简办婚礼，取消婚宴，得到双方父母支持后，她与爱人向亲朋好友写下这样一封《致歉信》：

"鉴于目前新冠疫情严重，我们定于正月初六的婚礼将不再邀请任何亲朋好友。我们作为共产党员，理应以身作则，防止疫情扩散，也强烈建议各位亲朋在家过春节，不要走亲访友，不是人情淡薄，是健康第一，待春暖花开时，大家可以不戴口罩走上街头，繁华依旧。"

年轻的"90 后"，以这种方式履行着一个公民的责任和担当。

在湖北抗疫形势最严峻的紧要关头，习近平总书记发出了"打好武汉保卫战、湖北保卫战"的总攻令。

距离疫情重灾区武汉市仅有 170 千米的赤壁电厂，是湖北省重要的电源点。为保证武汉不断电、不断网，负责电厂运维的项目经理张希博和 68 位同事没有一人退却，一直战斗在保电护网的第一线。

“一方有难，八方支援！”疫情暴发初期，国内各类防疫物资急缺。远在万里之遥的印尼南山项目部，经多方筹措，将价值 4 万元的医用口罩运至国内。

莱阳公司在得知武汉防疫物资告急时，立即组织职工踊跃捐款捐物，4000 箱消毒液、300 箱饮用水及时运达武汉。公司的 1100 多名党员积极响应上级党组织号召，一天捐款 14.6 万元，慰问抗疫一线医护人员。

山东电建一公司捐赠物资，支援湖北武汉抗疫

坚持全国一盘棋，坚持守土有责、守土负责、守土尽责，公司上下迅速凝聚起抗击疫情的强大力量，构筑起护佑一方的铜墙铁壁。

精准统筹　复工达产

“新冠疫情发生后，如何在较短时间内整合力量、全力抗击疫情，这是很大的挑战；在疫情形势趋缓后，如何统筹好疫情防控和复工复产，这也是很大的挑战。”

疫情防控关乎生命，复工复产关系生计。

经济社会是一个动态循环系统，不能长时间停摆。疫情阻断的时间越长，经济社会重启和复苏的难度就越大。

面对疫情对经济社会发展的影响，山东电建一公司党委始终保持战略定力，统筹谋划疫情防控和改革发展稳定各项工作，着力转危为安、化危为机，强调绝不能降低转型发展的标准和质量。

山东电建一公司主要领导现场指导施工生产

公司党委主动担当，积极作为，为国家经济社会快速恢复发展作贡献。

2 月 1 日，公司召开党委会，落实习近平总书记关于统筹疫情防控、复工复产工作要求，对做细做实假期后、上班后、复工后防控工作做了详细部署，提出干部党员先上岗，2 月 9 日全面推进复工的决策。

2 月 21 日，公司召开党委会，全面动员部署，强化统筹协调，做到疫情防控与生产任务两手抓、两手硬。

3 月 18 日，疫情在全球多点暴发并扩散蔓延，公司召开国际项目疫情防控工作会议，分析海外疫情防控形势，专题研究部署公司海外疫情防控工作，全力确保员工的生命健康安全。

4 月 2 日，公司召开部门负责人会议，对公司统筹推进疫情防控和复工复产工作进行再研究再部署。也就是在这次会议上，公司提出了“计划不调、任务不减、目标不变、质量不降”的“四不”工作要求，千方百计把耽搁的时间抢回来、把遭受的损失补回来！

“疫情终将会被战胜，日子还要继续过，山峰还要继续攀，大路还要继续行。”电网工程公司市场部主任李洋用这段话鼓励部门员工。

疫情之下，信心比黄金还珍贵。

公司坚决贯彻习近平总书记提出的“坚定信心、同舟共济、科学防治、精准施策”总要求，坚信在党中央的坚强领导下，充分发挥我国的政治优势、制度优势，一定能打赢疫情防控阻击战，打赢复工复产经济战。

将帅用心，三军用命。

开发人员冒“疫”前行，逆行出征，千方百计拓市场。

位于青岛西海岸新区的中荷智慧农业产业园项目，建设、投资规模大，科技含量、三产融合度高，代表着我国精准农业、高效农业和智慧农业的最高水平。

2 月 29 日，莱阳公司在得知项目即将上马的消息后，立即派出考察小组对项目进行实地考察。3 天时间考察了 6 家钢构件加工厂、7 家玻璃厂、3 家肯德基加工厂、4 家铝合金构件厂。同时，在网上咨询了十几家相关设备公司。

4 月 20 日，公司在 10 多家竞争对手中脱颖而出，成功中标中荷智慧农业产业园三期工程建设，开启公司进军现代农业的新征程。

新能源公司抢抓政策机遇，持续扩大风电光伏中标数量，已中标合同额达29.7 亿元。电网工程公司在拓展国网、南网、地方电网大中型基建业务基础上，加大 EPC 项目营销力度，中标敦白客专外部供电工程。德益工程公司在完成全年开发任务后，主动加压新增 3 个亿。莱阳公司依托在建项目深化大客户营销，在“跟跑”中实现“领跑”，在建项目合同额达到 80 亿元。电力工程设计咨询院中标合肥新能热电联产 EPC 工程，实现业务发展的历史性突破。

面对疫情不利局面，公司坚决落实党中央决策部署，坚持“安全防疫是第一要务，复工复产是第一任务”，两场“战役”一起打，“两线作战”求全胜。

实现复工复产，关键要确保员工回得来、设备材料供得上。

益海嘉里、鱼台垃圾发电、莱阳公司等项目采取“点对点”方式，保障施工人员“出家门上车门、下车门进厂门”。

瑞金项目部于 2 月 18 日正式复工复产，3 月 25 日返岗总人数达 300 余人。

河源项目部推行“现场工作法”，实行 24 小时带班制度，班子成员主动服务现场一线，靠前指挥帮助解决问题。

物贸公司采用“云办公”开展监造催交，保证设备材料按时送抵施工现场。

新能源公司有在建项目 34 个，项目经理、党员第一时间赶到项目现场组织复工复产。

莱阳公司在一季度实现全面复工，其复工项目占全市建筑类复工项目的30%，一季度工程完成产值 2000 余万元，位列全市第一。

2 月 18 日，公司国内项目复工率超过 50%，5 月底在建的国内项目已全部复工，复工复产率达到 100%。

国际各项目克服重重困难，坚持抗疫不松懈，施工不断线。

南山印尼项目部在国内人员无法按时到场的情况下，积极开发第三国人力资源，补充施工力量。

印尼纬达贝项目部采取“战时”措施，成立试运指挥部，140 人分为白班、夜班两班，8 个作业面同时展开。3 月 5 日，一号机组顺利并网发电，两个月的时间完成了 70% 的工作量。

9 月是巴基斯坦疫情最严重的时期，萨希瓦尔运维项目部的 33 名专业骨干冒险前行，逆行出征，用实际行动诠释了电建铁军的责任和担当。

电建铁军逆行出征，驰援巴基斯坦电厂检修

外防输入　内防反弹

“要绷紧疫情防控这根弦，坚持外防输入、内防反弹，完善常态化防控机制，坚决防止疫情新燃点，决不能前功尽弃。”

国内胜利战果巩固向好的同时，境外疫情却在快速蔓延，输入性风险持续加大。

公司党委按照中央“外防输入、内防反弹”方针，全面落实国务院国资委“两稳两争两保”工作要求，坚决守住国际项目疫情“零目标”底线。

坚持精准施策，对境外项目办公场所、施工场所、居住现场、餐饮场所实施全封闭管理，采取错时错区施工，降低人员密度，减少感染概率。对境外项目员工推行“一人一表”建档立卡，准确掌握员工信息，确保不落一人。

QA 光伏基础改造项目地处沙漠边缘，在巴基斯坦疫情暴发式增长时刻，公司接到业主开工令。项目部不等不靠，紧急启动应急预案，严格落实防控措施，确保项目提前完工，让业主竖起大拇指。

印尼纬达贝项目部按照公司网格化管理要求，每 30~50 人为一个网格，把施工现场划分成 10 个网格，成立以党团员、骨干人员为核心的志愿者服务队负责网格管理，严格管理不同区域、不同网格之间的人员流动，杜绝疫情在内部传播。

决不能在细节上出纰漏、在落实中掉链子。

在国务院国资委、集团公司 10 次巡检的基础上，公司对 4 个境外机构、25 个境外项目进行五轮全覆盖巡检，进一步补短板、堵漏洞、强弱项。

夺取疫情防控决战完胜，关键在严防境外输入。

公司编制《入境人员疫情防控指南》，加强入境人员交底，严格执行“双地”（出发地、中转地）“双检”（核酸检测、血清抗体检测）政策，杜绝境外疫情输入。

2 月 1 日至 11 月 6 日，公司先后有 577 人出境、1462 人入境，未发生境外输入关联疫情，经受住了境外疫情输入的严峻考验。

常态化防控宁可严十分、不可松一毫。

针对国内疫情偶发反弹的现状，公司坚持慎终如始，坚决杜绝麻痹思想、厌战情绪、侥幸心理。定期召开疫情防控工作会议，制定下发常态化疫情防控管理规定，从防控体系、人员管理、场所管理、应急管理、监督检查等方面进行系统规范，压实各单位防控责任。

勤洗手、讲卫生，少聚集、常通风，出行戴口罩、进门测体温……一系列生活好习惯、文明新风尚在公司悄然兴起。

疫情防控措施给生活带来了一些不便，但“小麻烦”换来“大安全”。“国门”“厂门”“家门”，全面守住。

党员先锋　彰显本色

抗疫斗争的伟大实践再次证明，中国共产党所具有的无比坚强的领导力，是风雨来袭时中国人民最可靠的主心骨。

“看到党员就有力量，看到党旗就会心安！”这是抗疫时广大群众的朴实心声。

面对突如其来的疫情，党员干部冲锋在前，铸起抗疫前线最坚固的长城！

共产党员、职工医院院长助理毛蕴文是一位年过半百的老同志。10 月 10 日，青岛疫情突发，他带领职工医院干部职工奋战三天三夜，完成各类检测 3000 人次，向政府和社区群众交上一份满意答卷。

受疫情影响，入夏之后济南血库告急。公司 40 多名党团青年闻令而动，两个多小时无偿献血 15000 毫升，以热血奉献爱心，共筑抗疫钢铁长城。

2 月 8 日，电网公司市场部主任、共产党员李洋收到职工慕振华发来的微信：“感谢老大哥这十多天的陪伴，见屏如见面，在我心情最低谷、最无助的时候，是你在一直陪伴着我。”

1 月 27 日职工慕振华在家突然出现低烧，1 月 28 日被确定为疑似患者，1 月 30 日转为确诊。从入院治疗到 2 月 8 日康复出院，10 多天里李洋每天坚持给慕振华打两次电话，询问他的身体状况，对他进行心理疏导，减轻心理压力。当慕振华接到出院通知时，他第一时间给李洋发了这条微信。

在这场严峻斗争中，公司各级党组织和全体共产党员深入学习贯彻习近平总书记关于疫情防控工作的重要讲话和指示精神，哪里有疫情，哪里就有党组织和党员忙碌的身影；哪里困难多，哪里就有党组织和党员坚定的声音。

新能源公司新疆奇台项目部经理王猛出行前虽然做了充分的心理准备，但在抵达新疆后才领会了疫情的严峻形势，但不管前路如何艰险，作为共产党员，必须义无反顾。

为尽早推动项目复工复产，2 月 21 日，王猛就踏上返疆的飞机。3 月 9 日，解除隔离当天，王猛拿到地方政府准许复工的批准函，马上组织人员进场。从 3 月份复工到 11 月底，虽然其间新疆区域又经历了两次封闭，但在王猛的带领下，奇台项目干部职工仍然完成了全部 40 台风机塔筒和 8 台整机的吊装任务。

一个党员就是一面旗帜，一个支部就是一个堡垒。

共产党员、印尼纬达贝项目部经理王殿波，一手抓抗疫、一手抓生产，每天工作都在 16 个小时以上。为稳定境外员工思想情绪，他经常下班后来到职工宿舍，耐心细致地做职工思想工作。直到二号机组投产发电后，他才在公司领导劝说下返回国内休假，至此，王殿波在境外已经工作了整整 19 个月。

在这次抗疫斗争中，青年一代的突出表现令人欣慰、令人感动。世上没有从天而降的英雄，只有挺身而出的凡人。青年一代不怕苦、不畏难、不惧牺牲，用臂膀扛起如山的责任，展现了青春激昂的风采，展现了中华民族的希望。

早春2月，德益公司两个项目投标到了关键阶段，但先前与其合作的出版社因疫情早已停工歇业。标书无法出版印刷，所有工作都是白费。青年党员张扬果断决定，买来设备自己干。他和同事们连续奋战，保证了标书的按时报出。2月15日，德益公司收到鲁华集团的中标通知书，一日中标两个生物质EPC项目订单，创造了德益公司发展史上的新纪录。

大年初六，青年党员邵德川接到莱州电厂打来的紧急电话，机组运行异常急需派人抢修。险情就是命令，出发就是责任，邵德川二话没说，驱车7小时直奔莱州检修现场。

青年党员于桂波、张小铁、李培林等主动请缨，快速启动公司“人员动态”系统建设，用更全的数据为复工达产提供支持与服务。

青年员工窦文龙的妻子分娩时他还滞留在国外，当他在手机中看到呱呱坠地的女儿时，不禁潸然泪下。

公司“烛光”青年志愿者服务队积极投身疫情防控和复工复产，开展“我当一天防疫员”志愿服务，协助做好人员疏导、体温检测、人员登记、卫生清洁等防疫服务，联系济南高新交警大队为职工电动车挂牌，公司上下流动着一抹鲜亮的“志愿红”。

抗疫斗争还在继续，防控战果务必巩固。

中华民族历史上经历过很多磨难，但从来没有被压垮过，而是愈挫愈勇，不断在磨难中成长、从磨难中奋起。

实践再次证明，有习近平总书记领航掌舵，就没有打不赢的仗、没有过不去的坎；实践再次证明，党的领导是中国特色社会主义制度的本质特征和最大优势；实践再次彰显了中央企业作为党和人民的顶梁柱，所具有的大国重器的责任和担当。

英雄铁军儿女，不负党的重托，正乘势而上，书写新时代中国特色社会主义的新篇章。

山东电建一公司党委书记张洪梅（右）、山东大学第二医院
党委书记柳丽华（左）共同为“党建引领　医企联建，‘一带一路’健康护航行动 2.0”揭牌

（内容来源：中国电建网；作者：刘学良）

“烛光”闪耀

在山东电建一公司活跃着这样一个特殊的群体，他们不分年龄、不论身份，统一身着红色马甲，不讲条件、不要报酬，哪里有困难、哪里有需要，他们就出现在哪里，这支特殊的队伍就是“烛光”志愿服务队。

点点烛光，燃烧自己，温暖他人。2020 年 3 月 5 日，正值第 57 个学雷锋纪念日和第 21 个中国青年志愿者服务日，这支队伍在济南总部宣告成立。

3 年多来，这支“烛光”志愿者服务队由最初的 50 多人，发展壮大成 30 余支分队、在册 1200 余人的志愿者队伍。他们弘扬“奉献、友爱、互助、进步”志愿精神，积极践行社会主义核心价值观，每年常态化开展各类志愿服务活动近百场，服务时长超过 1000 小时，用大善、大爱和大义，点亮志愿服务“火炬”，让青春价值在志愿服务中绽放光芒。

抗击疫情　冲锋在前

新冠疫情是新中国成立以来发生的传播速度最快、感染范围最广、防控难度最大的一次重大突发公共卫生事件。

疫情就是命令，防控就是责任。

广大志愿者贯彻落实习近平总书记提出的“疫情要防住、经济要稳住、发展要安全”的要求，积极投身到这场史无前例的伟大抗疫斗争中。

2020 年春节新冠疫情突然暴发，迅速在全国蔓延。生命重于泰山，职工医院全体人员提前结束休假，全部按时归队。护理部主任孙晓燕、王同岑等几位转业军人，第一时间向党组织递交了请战书。他们不顾个人安危，冲锋在前，带领职工医院医护人员毅然坚守岗位，守护着公司和辖区内的百姓平安。

2020 年 9 月，在巴基斯坦疫情最严重的时刻，萨希瓦尔运维项目部的 33 名专业骨干员工逆行出征，用实际行动诠释了电建铁军的责任和担当。

2022 年 3 月，青岛莱西疫情告急，公司党委快速响应省委省政府和青岛市委市政府的号召，广大志愿者主动请缨、闻令而动，24 小时内就组建一支由 22 名青年志愿者组成的“莱西抗疫青年突击队”，连夜驰援莱西。

疫情发生以来，广大志愿者既是抗疫的宣传员，又是抗疫保产的战斗员。从宣传防疫知识、组织测温登记、开展员工状况摸排、发放防疫口罩、助力疫苗接种，到办公场所卫生清理、环境消杀、值班值守，再到施工一线复工复产、参与社区疫情防控……公司上下流动着一抹“志愿红”。

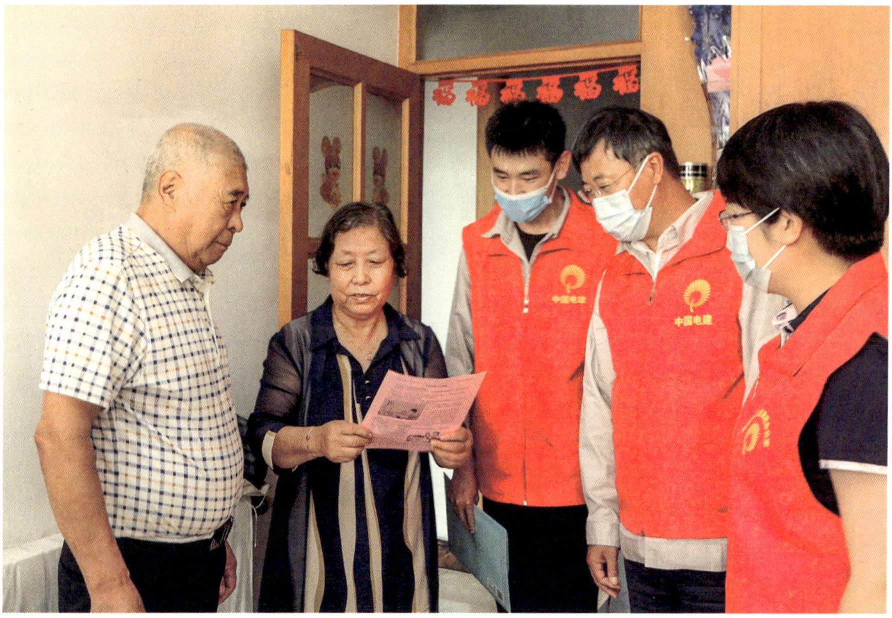

“烛光”志愿者服务队积极开展“双报到双服务”服务活动

播种文明　闪耀泉城

文明是社会进步的重要标志，也是社会主义现代化国家的重要特征。公司志愿者积极响应济南文明城市创建号召，主动参与到“大强美富通”现代化国际大都市建设中，努力创造宜业、宜居、宜乐、宜游的良好环境。认真贯彻习近平总书记重要指示精神，组织开展“向餐饮浪费 say no”倡议、“文明就餐　拒绝浪费”宣传活动，引导广大职工树立科学健康的饮食理念和生活方式，抵制铺张浪费，营造浪费可耻、节约光荣的良好氛围。

“向餐饮浪费 say no”宣传倡议活动现场

在济南野生动物园，志愿者利用周末业余时间，在客流量高峰时段，顶着炎炎烈日，协助园区疏导指挥交通、帮助游客停车、清扫广场垃圾、宣传防疫知识。

在上下班高峰期，志愿者协助济南交警维护交通秩序，宣传《道路交通安全法》，引导车辆文明驾驶礼让行人、行人安全文明过马路，引领社会文明新风尚。疫情防控期间，志愿者主动联系济南车管所，协助济南交警义务为职工电动车挂牌，受到辖区居民的热烈欢迎。

在国家宪法日，志愿者走进济南诺贝尔城小区，开展“弘扬法治精神　共建美丽家园”普法宣传，为小区居民送上《中华人民共和国宪法》《老年人权益保障法》等宣传材料，及时解答居民提出的法治问题。

在网络空间，志愿者组织开展“网络同心，文明同行”主题党团日，与社区居委会联合开展“企地携手　共同反诈”反诈宣传活动。针对用电紧张情况，开展“珍惜能源　节约用电　从我做起”宣传倡议活动，张贴节约用电标识，开展

H5 线上接力倡议传递。

在植树节，志愿者组织开展“汇聚青春力量、共建生态黄河”义务植树活动，学党史、办实事，志愿者“打卡”泉城网红赏花地，走进济南华山湖公园、凤栖公园、龙盘山森林公园、泉城路等开展保护环境活动，进行卫生清理，普及环境保护的意义和生活小常识，净化公园环境，提升大家保护生态环境的意识，为城市文明增色添彩。

点点“烛光” 彰显大爱

胸怀大爱，向上向善，永葆对党和人民的热忱之心，广大志愿者坚持把志愿服务当作一种生活方式，力所能及地做好事、办实事，锤炼品德修为，提高自身修养，弘扬社会正能量。

2020 年初，疫情防控期间济南市血库告急，志愿者积极响应山东省血液中心号召，组织开展“传递温暖、为爱撸袖”活动，一上午时间，无偿献血量达 28000 毫升，用实际行动为抗疫贡献力量。2021 年，志愿者结合党史学习教育，深入践行“我为群众办实事”实践活动，开展“学党史践初心 献热血担使命”无偿献血活动，得到山东省血液中心的称赞。志愿者赵万钧无偿献血 22 次，献血量达 8600 毫升，连续 20 多年让爱心永传递。

志愿者组织开展无偿献血活动

尊老爱幼，救孤助困，是中华民族的传统美德。

2021 年公司志愿者积极响应团省委号召，组织参与“520”线上爱心募捐和“希望小屋 99 公益日”活动，累计收到捐款 2 万余元，助力“希望小屋”建设。在学习雷锋活动月期间，广大志愿者到菏泽成武县天宫庙镇开展“童心同力　筑梦成长”电建书包公益助学活动，到章丘诺德实验学校开展电建“雷锋”捐赠图书活动，助力学子书香阅读，到驻地幼儿园开展“雷锋故事进校园”志愿服务。六一节前，志愿者还开展“大手拉小手　红色基因薪火传”红色启蒙教育志愿服务，走进南全福小学开展“童心向党　红色传承”志愿活动。高考期间，志愿者又到济钢高级中学开展“爱心助高考　志愿我先行”志愿服务，为考生保驾护航。

志愿者服务团队爱心助考点

为打赢脱贫攻坚战，广大志愿者积极落实集团公司党委部署，先后 6 次组织电建扶贫产品采购，助力新疆民丰县、云南剑川县脱贫。能源科技服务公司志愿服务队发挥自身渠道优势，主动对接南部山区贫困村，开展“薯”光行动，帮助当地农民推销滞销农产品，帮助农民增收致富，助力乡村振兴，受到地方政府和当地群众的一致好评。

“烛光”虽小，却彰显电建青年对社会的大爱。中国电建集团、山东团省委、《齐鲁晚报》、山东省直共青团微信公众号等多家媒体先后报道过他们的事迹。公司多个集体和个人受到青岛市、团省委和省直机关工委通报表彰。2022 年，在第四届山东省青年志愿服务项目大赛中，“烛光”青年志愿者服务项目在 613 个参赛项目中脱颖而出，荣获铜质奖章。

（内容来源：中国电建网、山东共青团网；作者：张彬）

申楼之变

道路通了，群众的心就畅快了，企业能引进来，村集体收入也由过去的“一穷二白”变成现在的年均收入过 10 万元。

山东电建一公司帮扶建设的申楼村村委新貌

自从搬进新建的党员活动室，村两委的精神面貌也焕然一新，战斗力明显增强。2019 年，在全县党支部综合考评中，申楼村党支部由原来的三类支部一跃成为一类支部，在全镇党支部年度考核中位列前三，成为全镇观摩学习的榜样。

天宫庙镇党委书记王聿珍如数家珍地说着申楼村的新变化。

在这些新变化背后，是来自山东电建一公司的帮扶和支持。2018 年以来，山东电建一公司捐资助学、修建道路，建起党员活动室和村民文化广场，变“输血”为“造血”，助力申楼村实现高质量脱贫。

曾经尴尬的“后进村”

位于鲁苏皖交界的菏泽市成武县天宫庙镇申楼村，由 7 个自然村组成，全村总人口达 2870 人，耕地有 3539 亩，是一个典型的农业村。

长期以来，村民面朝黄土背朝天，在有限的土地上刨食吃，依靠种植冬小麦、玉米及小量经济作物维持生计，日子过得紧紧巴巴。

更为尴尬是，村两委班子一直没有固定的办公场所，长期“借住”在村小学的一间平房，党员活动室与学校图书阅览室共用一处，既影响活动质量，也影响学校教学。按当地教育部门评估，学校建筑面积不达标，必须将村两委借用的办公室腾出来，否则学校将被撤并。

村集体没有收入来源，村两委工作开展起来更为艰难。进村的主干道常年失修，坑坑洼洼，晴天一身土，雨天一身泥，外面的人进不来，村里的人出不去，村民们怨声载道。

硬件不达标、软件跟不上、业绩上不去，在多年的综合考评中，村党支部一直在全乡倒数的位置上徘徊，是远近闻名的“后进村”。

电建书包公益助学活动现场

结识中国电建“好亲戚”

2017 年，为认真落实党中央、国务院关于打赢脱贫攻坚三年行动的决策部署和山东省委脱贫攻坚推进会精神，山东省委、省直机关工委启动了以“联村联户、共建美丽乡村和谐家园”为主题的“双联共建”活动。

2018 年 6 月 21 日，山东省直机关工委在沂南县召开脱贫攻坚“双联共建”现场交流会暨第二批活动启动仪式，山东电建一公司作为第二批参与单位与申楼村签订共建协议。

“脱贫攻坚是党中央的重大决策部署，上级把任务交给我们，就是对我们的莫大信任，我们要义不容辞地承担起应尽的社会责任，确保高质量完成公司承担的帮扶任务。”公司党委班子达成这样的共识。

为加强对“双联共建”的组织领导，公司成立以党委书记、董事长任组长，工会主席任副组长的“双联共建”工作领导小组，并由党委工作部牵头具体负责工作推进。

党委工作部的同志不辱使命，先后三次组织工程管理部、电力工程咨询院、财务资产部等有关部门到村里实地考察，与镇党委、镇政府、村委、驻村第一书记等地方党政领导座谈交流，听取各方意见和建议，了解村里急需解决的问题，摸清扶贫工作底数，确保帮到点上、扶在根上。

2018 年 8 月 29 日，新学期开学之际，原申楼村委驻地热闹非凡，一场名为“双联共建、金秋助学”的活动在这里隆重举行，10 名新考取大学的农家学子，从工会主席郭宝辉手中接过“金秋助学金”。

学生代表陈义宾在发言中这样说：“‘双联共建、金秋助学’正如一缕金色阳光，照亮了我们贫困学子的求学路，托起了一个农村家庭的梦想和希望。我们定不负韶华，勤奋学习，以优异成绩回报山东电建一公司和家乡人民的厚爱。”

朴实的话语，真挚的情感，道出了一个贫困学子对“双联共建、金秋助学”的由衷感激，也道出了他们对未来美好生活的憧憬和向往。

2019 年，公司出资 10 万元作为配套资金，推动地方政府与交通部门合作，对申楼村南北两条约 1300 米的进村道路进行升级改造，把长期困扰村民出行的

“疙瘩路”“土坑路”，变成宽敞结实的水泥路、幸福路，了却村民多年的心愿。同时，捐资 30 万元，帮助村里建设起 300 平方米的标准化党员活动室和 500 平方米的村民文化活动广场，一举改变村党支部长期“借住”的尴尬局面。

申楼村民走上“幸福路”

天宫庙镇党委委员、组织委员白洪军说：“办公环境变了，村两委的精神面貌也大为改观，带领群众致富的劲头更足了。在 2019 年的党支部考评中，申楼村党支部一跃成为全镇第三名，真是后进变先进，旧貌换新颜，村民们都高兴地说我们攀上了中国电建‘好亲戚’。”

申楼村的幸福生活

宋成立是申楼村服装加工厂的老板，多年前他就有返乡创业的打算，但受制于村内的交通条件，这一夙愿一直未能达成。进村道路打通后，他断然辞去南方工厂给出的高薪工作，在村里办起服装加工厂，吸收 20 多名贫困村民就业，他个人也在新一届村两委换届中当选为村干部。

王聿珍说：“像宋成立这样返乡创业的情况在申楼村就有 4 家，约有 120 名村民实现了在家门口的工厂上班。村民在家门口上班，既能带孩子又能照顾老人，还能上班挣钱，真可谓是一举多得。”

受益于党的扶贫政策，经过三年来的奋战，申楼村“五通十有”实现路面硬化 6.8 千米，村集体收入由“一穷二白”增加到 10 万元，项目分红及扶贫公益产业资金达到 7 万元。村里的贫困户人均年纯收入达到 5100 元以上，2020 年底，全部实现脱贫摘帽。村民们生小病在村里有高标准的医务室，生大病住院全部实现“两免两减半”，先诊疗后付费还报销。

如今的申楼村已是家家用上自来水、户户用上安全电，村民们白天在工厂上班，晚上跳起广场舞，日子越过越红火。

村党支部书记高朋说：“下一步村委的工作重点就是改善村民的居住环境，我们将加大力度提升村内、户内、屋内的形象建设，让村民过上更加舒适美好的生活。”

（内容来源：中国电建网；作者：刘学良）

核能供热“暖人”又“利民”

往年的冬季，北方地区居民的供暖方式以燃煤为主，不仅成本高且污染严重。2021年冬天，山东省海阳市的居民再也不用因“煤事”而发愁。

2021年11月9日，由山东电建一公司承建的国家能源核能供热商用示范工程二期提前6天投运，供暖面积达450万平方米，覆盖海阳市整个城区，惠及20万居民，助力海阳市成为我国首个“零碳”供暖的北方城市。

海阳核电站全景

作为我国核电工程建设的骨干力量，山东电建一公司在圆满完成海阳核电一期两台机组建成投运后，发挥核工程专业优势，配合国家能源集团深耕核能利用市场，把核电拓展到供热供水更多领域。公司在完成国家能源核能供热商用示范工程一期、实现山东核电专家村“水热同传”和 70 万平方米供热后，于 2020 年 11 月 25 日承担该项目的二期工程建设任务。

相比传统的燃煤供暖，核能供暖具有较高环保效益和经济效益。该工程投运后，山东海阳核电一号机组成为世界上最大的热电联产机组，450 万平方米供热可取代当地 12 台燃煤锅炉，每个供暖季预计节约原煤 10 万吨，减排二氧化碳 18 万吨、烟尘 691 吨、氮氧化物 1123 吨、二氧化硫 1188 吨，相当于种植阔叶林 1000 公顷，同时减少向环境排放热量 130 万吉焦。以“暖核一号”20.25 万千瓦核能供热工程 2021—2022 年度供暖季为例，同比核能供热前，供暖季空气中的 PM2.5 下降了 16%，天气优良率上升了 17%，明显提升了区域供暖季空气质量。同时，减少向环境排放热量 150 万吉焦，有效改善了区域供暖季大气环境和海洋生态环境，为我国核电基地海洋生态环境建设提供了新示范。

“暖核一号”供热工程

实行核能供热后，居民取暖价格与煤价脱钩，有效减少了地方政府的供暖补贴支出。据了解，2021—2022 年供暖季，“暖核一号”20.25 万千瓦核能供热工程对外提供清洁热量 200 万吉焦，按当时的原煤均价计算，为政府大幅减少了财政补贴。与此同时，与核能供热相比，海阳市居民的取暖价格每平方米下降了 1 元，使当地居民充分共享到了绿色发展的红利。

核能供热的主要原理是从核电机组二回路抽取蒸汽作为热源，通过厂内换热首站、厂外供热企业换热站进行多级换热，经市政供热管网将热量传递至最终用户。在此过程中，只有热量的传递，没有水的交换，更不会有任何放射性元素进入用户暖气管道的可能，用户暖气管道中的热水只在小区内封闭循环，与核电厂层层隔离，十分安全。

居民在享受清洁能源供热的同时，还享受了绿色发展的红利。热力公司也不需要再使用原来的燃煤锅炉及环保设备，供暖站无人值守，节省了电费、维修费、环保支出以及人力成本。以一个供暖季为例，一台 40 吨的燃煤锅炉，热力企业在环保、用电、人工等方面可节省成本 300 多万元。

核能供暖不仅给当地居民带来了温暖，带来了蓝天，还带来了实惠，真正实现了当地民众、地方政府、热力公司、核电企业以及生态环保的多方共赢。

发挥核能“零碳”排放优势，使居民在拥有绿色电力、清洁供热的同时，还能尽情享受白云蓝天。让低碳赋能美好生活，山东电建一公司不仅开了核能供热的先河，同时也为我国核能综合利用提供了电建方案。

用绿色承诺告诉未来。

未来，山东电建一公司将继续践行绿色低碳发展的理念，紧跟新时代步伐，大力推进管理创新、技术创新，唱响绿色低碳发展的主旋律，让绿色成为企业高质量发展的“最亮底色”，以“持续发力”的姿态让天更蓝、山更绿、水更清，为建设美丽中国贡献电建智慧和力量。

（内容来源：人民网；故事整理：杜万朴）

跑出新基建“加速度”

青岛高端封测厂房项目封顶仪式

当年签约，当年落地，当年开工，当年封顶！

2020 年 12 月 22 日上午 9 时 18 分，黄海之滨，胶州湾畔，一场盛大的封顶仪式在青岛西海岸新区隆重举行。

青岛市政府的领导来了，西海岸新区的负责人来了，建设单位、监理单位、施工单位的领导也来了，各路贵宾齐聚现场，共同见证青岛高端封测厂房封顶这一激动人心的时刻。

用时 176 天，总建筑面积约 94641 平方米的高端封测厂房、4 个单体项目实现封顶，比同行业建厂提前半年之多，山东电建一公司再次刷新 5G 芯片厂房建设新纪录，跑出电建“加速度”，推动“新基建”和传统基础设施建设协同融合，实现了公司在“新基建”领域的历史性突破。

迎难而上啃硬骨，攻坚克难图“破界”

山东电建一公司素以“电建铁军”声名远扬，在国内外众多电力市场上建起精品工程、树起电建丰碑，可承建青岛高端封测厂房这样的“新基建”项目还属首次。

2020 年 6 月，当这群铮铮铁汉准备破界跨界闯世界、摩拳擦掌大干一场时，忽然发现这个“界”远不是他们想象的那样好“破”。

全新的施工环境、施工工艺，还有全新的管理模式、管理方法，问题一个个接踵而来，让他们一时措手不及。

“遇到困难、直面挑战、解决问题，就是我们的工作，无论何时何事，都要抱定不破楼兰终不还的决心，披荆斩棘，勇往直前。”时任青岛公司总经理马先秋如是说。

“破界”靠的就是这股“劲”。

早在 2019 年，山东电建一公司就将眼光瞄准青岛“新基建”市场。这一年，青岛市政府提出了未来 10 年“新基建”投资规划。同年 3 月，时任山东省委常委、青岛市委书记的王清宪在深圳会见富士康科技集团创始人郭台铭，双方深入探讨总体规划，为开展多领域合作奠定了基础。10 月，跨国公司领导人青岛峰会举行。其间，富士康提出在青岛合作设立半导体高端封装测试项目，封装需求量快速增长的 5G 通信、人工智能等应用芯片。一直在寻求市场突破、产业升级的山东电建一公司，如猎豹般密切盯住了这个市场的每一个动向。他们提前考察、策划、收集资料，没有资源，百转千回也要寻求资源；没有方案，处处碰壁也要从零开始制定方案。因为他们深知机遇面前，谁抢先抓住机遇，谁就占领了发展先机。

此时正值新冠疫情席卷全国，举国上下为抗击疫情奋战正酣。“真是打心眼里着急啊，关键时刻寸步难行。”市场营销部的小伙子们个个干着急。决不能等、更不能靠，要主动出击，全速前行。“消毒酒精、洗手液，温度计，口罩备齐”，随身带上“面包、矿泉水、方便面、烧水壶”四件法宝，饿了吃口面包，泡包方便面，累了就在车上眯会儿，就这样，他们不是在与客户沟通，就是奔波在与客户沟通的路上，确保第一时间掌握第一手信息，跟踪不断档。

高端封测项目是山东电建一公司与世源科技公司组成联合体共同承建的。他们借力营销、优势互补，放大优势、补齐短板，统筹协调整合营销资源，提升市场竞争力，变“单兵作战”为“协同出击”，实现组团开发、抱团营销，提高市场快速响应能力。4 月初，山东电建一公司营销团队驱车赶往上海，与世源科技公司进行了长达三天两夜的激烈谈判，最终达成合作协议。6 月 6 日，青岛高端封测厂房项目落子签约，历时 78 天，山东电建一公司终于啃下这块“硬骨头”，正式扬帆挺进“新基建”蓝海。

青岛高端封测厂房项目全景

千锤百炼愈坚韧，担当奉献促“跑赢”

青岛高端封测厂房项目占地面积为 87050 平方米，总建筑面积为 85000 平方米，包括封装测试厂房、生产调度厂房、食堂及活动中心、倒班宿舍、资源回收站、门卫以及辅助生产设施、动力设施、环保设施、安全设施、消防设施、生活服务设施等，其中洁净室面积为 5500 平方米。

4 月 15 日，总投资 10 亿元的青岛高端封测厂房项目通过网上“云签约”落地西海岸新区。

历时 5 个月，食堂及活动中心、倒班宿舍、生产调度厂房、封装测试厂房 4 个项目封顶顺利完工，铸造了一座建筑传奇。

6 月 3 日，封测厂房项目完成“三通一平”。

7 月 1 日，桩基开始施工。

7 月 11 日，项目举行动土仪式。

9 月 24 日，厂区正式道路开始施工。

10 月 3 日，封测厂房基础垫层开始浇筑。

10 月 24 日，封测厂房基础垫层浇筑完成。

10 月 28 日，厂区正式道路施工完成。

10 月 30 日，封测厂房基础混凝土开始浇筑。

11 月 10 日，封测厂房基础出零米。

11 月 29 日，封测厂房首层顶板开始浇筑。

12 月 13 日，主生产区首层浇筑完成。

12 月 16 日，食堂及活动中心封顶。

12 月 17 日，倒班宿舍封顶。

12 月 20 日，生产调度厂房封顶。

12 月 22 日，封装测试厂房封顶。

用时 176 天，山东电建一公司完成一个质的跳跃，证明了自身的实力，赢得了各方的信任。时间紧、任务重，其中的艰难挑战，可想而知。

“厂房封顶后，2021 年 2 月 15 日开始机电施工，倒排计划抢工期。7 月 1 日，首批机台正式搬入厂房；11 月 26 日，项目正式投产，进入生产运营阶段。”项目经理朱崇涛如数家珍般道出一个个施工节点。

大家遇到的第一个困难是“天公不作美”。2020 年 7 月，青岛迎来长期强降雨天气，路面泥泞现场车辆根本无法进入。“怎么办？等吗？绝不能够！有条件要干，没有条件创造条件也要干。”挖机和装载机上场打通道路，调运大量混凝土废渣铺填现场，从而保证施工车辆进入。只要精神不滑坡，办法总比问题多。开工伊始就打了一个漂亮的开场仗。

“最紧张的还是 11 月 14 日，抢工期跑赢强降雨那次，惊心动魄啊！”朱崇涛介绍说。当时项目部紧急调派力量连续奋战，72 小时连轴转，共计运送 400 余车混凝土，愣是用 3 天时间浇筑了 5000 多立方米混凝土，而正常情况下每天的混凝土浇筑量为 700~800 立方米，终于赶在强降雨到来之前攻下了这座“山头”，完成了这项看似“不可能完成的任务”。

高端封测厂房地面为超平地面，平整度要求远超国家规范要求。“项目主要是 12 寸晶圆级先进封装生产线，其中洁净室面积占比较大，其建筑地面为环氧自流平涂漆地面，对一次结构地面平整度要求极高，设计要求为 2 毫米 /2 平方米，我们第一次遇到这样高的标准，施工难度极大。”技术负责人付志强介绍道。面对这种情况，经过反复研究方案确定，利用新型激光整平机械提高混凝土表面平整精度，确保整体混凝土标高细部控制。

面对项目密集井字梁的巨大安装量，钢筋加工采用装配式施工工艺，提前加工完成后，使用塔吊直接整体吊运至施工部位，大大缩短了施工工期。在项目“百日攻坚战”中，40 万立方米重约 5000 吨的脚手架，8000 多根纵横交错的井字梁，800 多人的施工现场，每天上午 7 点、下午 5 点两次调度，昼夜施工轮班倒，交替作业，接茬推进施工，场面相当壮观。

青岛西海岸电视台以“硬核攻坚、只为跑赢时间”为题对高端封测项目做了重点报道。

知重负重不退缩，团结协作敢“亮剑”

“建一个工程，交一方朋友，培养一批人才。”项目建设之初，山东电建一公司就确定要积累新的施工经验，打磨新的施工工艺。用公司原有的管理程序，确定“一个目标”，落实“两级管理”，促进“三个结合”，坚持“四个统筹”，完善“五个同步策划”，严抓“安全六化管理”，推进“质量管理七步走”，引导职工换位思考，转变观念，以结果为导向，组织团队建设、人才培养，走出一条崭新的管理之路。

创新管理模式，创建 BIM 数字化建设系统。利用平台生成动态可调整的 4D/5D 模拟，直观展示项目建造的时间、成本情况，便于各类工作协调开展，各专业协同工作，进行空间管理。“我们对各工段、工序进行划分，制订施工进度总计划，再将其拆分为年、月、周计划，按照周计划进行生产进度任务分配，并合理配置人、机、物料、资金、技术等各项资源。”负责 BIM 系统具体操作的技术员郑一方这样介绍：“通过控制周计划生产任务，达到管控项目整体进度的目标，形象且生动。”

创新施工模式，推行绿色施工。项目部进行总体部署，采取一系列措施保护生态环境。“看，这是封闭式水泥棚，用来抑制水泥飞扬；这是洗车池，保证进出现场车辆清洁；安全通道两侧有专人负责喷淋系统，我们还设置环保及噪声监测设备，对 PM2.5、PM10 及噪声动态监测实时预警。”垃圾分类也是现场一道风景，绿化与硬化相结合，建立生活垃圾周转站并定期清运。

创新安全管理模式。建设 VR 安全教育体验馆，利用虚拟现实技术沉浸式体验，亲历安全事件，如身临其境，从而评估潜在安全风险，并寻求正确的预防措施，从而起到警示教育、提高安全防范意识的作用。无人机技术应用是安全管理的又一创新，设置固定好拍摄航线定期航拍巡检，进行空中巡查监管，纠察违规施工，进行安全质量检查评估、安全演练及灾情救援。2022 年 1 月，项目荣获“2021 年度山东省青年安全生产示范岗”称号。

山再高，往上攀，总能登顶；路再长，走下去，定能到达。

岁月为证，奋斗不止。回望来时路，山东电建一公司高质量完成青岛高端封测厂房项目建设目标，用优异的成绩赢得肯定和赞誉，凝聚起了干部职工不畏艰难、勇毅担当、砥砺奋进的豪情。正是凭着“电建铁军”独有的闯劲，为青岛经济社会发展贡献了“电建智慧、电建方案、电建力量”，在服务“新基建”、参与城市建设、助力产业振兴、支持新旧动能转换中扛起了新担当，展现了新作为，打响了中国电建的品牌。

（内容来源：中国电建网；作者：杨伟）

征战“死亡之海”

鞭炮震天、沙丘“旋舞”，彩旗飘飘、青春飞扬。

2023 年 5 月 31 日，在我国最大沙漠、世界第二大流动沙漠——塔克拉玛干沙漠中心地带，我国首座大型集中式光伏电站——塔中西部且末县 10 万千瓦光伏发电项目并网一次成功。

塔克拉玛干沙漠腹地首个最大的集中式光伏电站——塔中西部且末县
10 万千瓦光伏发电项目并网一次成功

32 个光伏子阵在大漠炽热的阳光下泛起“蓝色的波涛”。“死亡之海”的“新生触角”，与大地连接，与长天会晤，源源不断的绿色电能正如大江奔涌，浇灌着千里大漠每一个枯竭的“生命”，自此“死亡之海”进入全新的生命周期。

作为沙漠腹地绿色新能源“特区”，在 25 年的运行生命里，它将为新疆维吾尔自治区绿色生态、经济效益、社会发展贡献 19772.02 万千瓦时的能量。山东电建一公司践行国家西北“沙戈荒”战略结出新的硕果。

犯其至难而图其致远

2022 年 7 月，塔中西部且末县 10 万光伏项目的招标文件摆在山东电建一公司鲁能德益工程公司党总支书记、总经理郑庆民的案头。

在沙漠里面建工程，而且还是在号称“死亡之海”的我国第一大沙漠、世界第二大流动沙漠塔克拉玛干沙漠的腹地，这在公司历史上还是第一次。员工的生活如何保障？沙漠里施工有哪些难度？远离人烟各项施工资源又如何调配？一个个问号在郑庆民的脑中盘旋，让他一时难以抉择。

近几年，新能源项目已然成为德益公司发展势头强劲的延链强链项目，这一块业务的营销怎能轻视？

“且末项目的建设单位是且末塔新煜能能源有限公司，该公司隶属于塔里木油田，近几年该公司在新疆地区规划有 1000 万光伏供能基地建设……”

“据了解，国家发展改革委拟在西部地区的荒漠中建设总装机容量达 4.5 亿千瓦的风电光伏项目，相当于 20 座三峡水电站的发电量，西部荒漠地区新能源市场不容小觑……”

“项目总包为西安隆基清洁能源有限公司，隆基公司是中国光伏行业的龙头企业，在光伏组件研发、产品制造及生态链整合方面的实力超群……”

德益公司班子成员各抒己见，纷纷提出对且末县项目投标意向的看法。

随着投标意向会议的深入，盘旋在郑庆民心头的问号逐渐变为叹号，他的心逐渐坚定起来。

“我的意见是，牵手隆基，拿下且末项目，征战‘死亡之海’，挺进沙漠大基地工程，取得新能源建设更大成绩。”郑庆民代表德益公司班子成员确定投标意向。

2022年8月23日，公司成功中标塔中西部且末县10万千瓦光伏发电项目。

项目在且末县西南直线距离186千米的塔克拉玛干沙漠内，占地面积为3916亩，额定装机容量为10万千瓦。项目共有32个光伏方阵，新建一座110千伏升压站，通过一回110千伏出线送入塔110千伏变电站。

项目东边30千米是我国最著名的沙漠公路——新疆塔克拉玛干沙漠公路，是世界最长的贯穿流动沙漠的等级公路，也是我国最早的沙漠公路。

沙漠公路一侧的塔中镇是我国唯一的沙漠小镇，2015年建镇，常住人口有2000人，为往来车辆中转补给。

对于隆基公司来说，还有什么比得上接到中标通知书更让人高兴的事呢。考虑到且末项目的建设意义和地理位置的特殊性，公司领导班子思前想后，最终决定由副总经理亓俊峰挂帅项目经理，集公司之力，逐梦“大漠”，开启征战“死亡之海”的漫漫征途。

塔中西部且末县 10 万千瓦光伏发电项目全景

士不可以不弘毅，任重而道远

2022 年 8 月，且末项目开工在即，同期新疆乃至全国多地仍受到新冠疫情无情肆虐。

在疫情背景下，进疆之路困难重重。

济南到新疆地区的飞机、火车等公共交通都已停摆，要想进疆只有自驾出行一条路。

“提前 72 小时人员报备，连续 3 天提供核酸检测报告，下不了高速，甚至大部分的服务区都已封控，只能吃在车上住在车上。”说起当初的进疆路，亓俊峰表情有些凝重。

“有条件要上，没有条件创造条件也要上”是山东电建一公司这支电建铁军队伍的信条，有什么困难是电建铁军克服不了的呢？

8 月 28 日，亓俊峰率首批人员踏上了迢迢进疆之路。

从济南驱车到且末项目，他们需要先到河北然后进山西，穿银川过兰州向西宁，从西宁再奔且末，跨越 6 省份走近 4000 千米的路程才能抵达目的地，其中还需要穿越近 500 千米的戈壁沙漠无人区。

考虑到疫情条件下进疆难，亓俊峰一行是抱着被子和两箱方便面上车的。

万万没想到的是，他们刚刚驶出河北就接到了新疆当地防疫人员的电话，进疆审核没有通过，需要进一步研判。他们只好改道，到德益公司宁夏灵武宁东项目等待通知。等他们再次踏上进疆之路抵达驻地时已经是 9 月 16 日了。

从这一刻且末项目人员进点到 2022 年 12 月中旬，整个施工高峰期，新疆地区的新冠疫情一直处于极端肆虐时期。

就是在这样的情况下，德益公司从未放弃过且末项目的履约，在 2023 年春节前，先后派出 4 批人员全力支援且末项目建设，最高峰时项目部工作人员达 22 人。

这 22 个人来自全国不同的项目部，但无一例外都是在疫情条件下不远万里轮流开车抵达的。

服务区封了，就带着油，带着水，带着面包。

家人不同意，就连哄带骗加偷溜。

下不了高速，吃在车上，住在车上，睡在车上

进疆难，开工更难。

项目在塔克拉玛干沙漠腹地，东南西北 200 千米内全是漫漫黄沙。冬季寒冷，气温可达零下 26℃；夏季酷热，沙表温度达 70℃。气候可谓干旱少雨多风，加

之是沙丘地貌，地表分布着流动沙丘，只要有风就曝土扬天，让人睁不开眼，喘不上气。

人员进点后，连住的地方都成了问题。搭建生活营地的彩板无处购买，大家费尽九牛二虎之力才从镇上租借了 20 多个集装箱，搭起了回字形生活营地，算是有了落脚的地方。

但让大家没想到的是，大漠小风一吹，细沙无孔不入，一会儿工夫桌上、地上就是一层沙。

“刚开始的时候，我们上午清扫一次，下午清扫一次。但是，风稍微一大，一个小时屋里就哪儿哪儿都落满了沙尘，根本清扫不过来。后来也就习以为常了。”项目执行经理沈朝辉笑笑说。

人员进点难，材料、机械设备的进点更难。

10 月 7 日，项目部接到通知，第一批桩基材料 4 台 13.5 米的高栏车需要进场，按照政府防疫要求停在离项目部 50 千米外的沙漠公路指定停车点。

“每一车进场的材料、每一台进场的机械都需要按照当地政府防疫办要求停在离项目 50 千米的指定地点，由项目部协同塔中防疫人员一道开车引领到项目驻地。卸车的时候还需要全程拍摄视频上报给防疫办公室。一个 10 万千瓦的光伏电站，进场的材料多达 3873.4 吨，仅光伏组件就到场了 308 车。对于一个不足 10 人建制的项目部来说，仅车辆进场、材料建账分发这一项工作就繁重得让人喘不过气来。”负责施工生产的项目副经理、总工潘玉猛介绍说。

放弃从来不是铁军人的风格。就是在这样艰难的履约条件下，项目招标、前期设计、厂区“五通一平”，施工机械进场，分包人员进点，项目建设在一步步地向前推进。尽管困难重重，但每天都有进展。

2022 年 10 月 20 日，光伏区打下了第一根桩，正式拉开了项目建设的帷幕。

天时不如地利，地利不如人和

开弓没有回头箭。

且末项目部全体员工使出“吃奶”的劲射出去的这支箭却因为疫情和沙漠环境这两只强有力的手掣肘而跑得格外慢。

人员进不来，机械租不到，材料进场难，不是卡在这个环节就是卡在那个环节，总是“驴也不跑磨也不转”的。

打电话催，受沙漠信号弱影响一通电话断个三五回是常有的事。

那段时间，总包方天天晚上 9 点召开日进度协调会，一开就是三四个小时。等项目领导班子开完会议再将会议安排分解到分包单位时，常常要到第二天凌晨一两点钟。

忙完一天的工作想洗洗脚、解解乏是不可能的事，洗澡就更别想了，那得到塔中镇的宾馆房间里才能实现。

项目履约每一时每一刻都牵挂着德益公司领导班子的心。

必须采取有效措施，统筹一切可以利用的资源，全力支援且末项目建设。

12 月 3 日，郑庆民亲自挂帅，统三路人马共 10 人分别从河南、山东、辽宁三地出发，以“一子突破，全盘皆活”的孤勇，直奔且末项目，深入不毛之地。

作为项目的临时党支部书记，郑庆民对项目部人力资源重新进行了分配，他坐镇指挥，上对业方、总包、监理，下协项目、分包、一线，统筹协同一切资源及对外沟通。

在他的统筹协调下，施工现场一下激增到了 800 人，材料设备的进场也逐一落实到位，现场施工的组织推进不再成问题。

为积极解决项目因疫情影响造成的工期滞后等问题，德益公司党总支紧急研究成立且末项目临时党支部，同时组建 2 支党员突击队、2 支青年突击队，同步设立党员责任区和青年安全生产示范岗。12 月 9 日，项目部举行“学习二十大、决胜全年度”劳动竞赛启动仪式，激发红色引擎，全面掀起大干热潮，动员全体人员全力以赴打好项目“攻坚战”，冲刺四季度，决胜全年度。

寂寞千年的大漠终于热闹起来了。车辆穿梭、机器轰鸣、彩旗招展、红旗飘飘。虽然 12 月的大漠天是冷的，但是施工一线的火热场面却吸引来了当地各路媒体。

新疆维吾尔自治区广播电视台来了，塔中镇融媒体平台也来了。

他们纷纷举起镜头对准这块塔克拉玛干沙漠腹地的热土，去感受去记录。

在不到 2 个月的时间，光伏场区道路基底平整完成 100%；场平完成 32 个方阵，完成占比 100%；打桩完成 29390 根，完成占比 37.8%；支架安装完成 400 组，完成占比 4.05%；升压站配电室主体完成 100%，辅助用房主体完成 50%，主变基础、GIS 基础、110 千伏基础、接地变基础、SVG 基础完成 100%。

电建铁军“拼搏奉献　创新超越”的精神感染了无数当地群众，纷纷为项目部员工点赞。

“山东电建一公司且末项目团队为项目建设付出了艰苦的努力，项目团队管理水平高，安全质量管控到位，大家的拼搏奋斗精神充分体现了电建铁军能打硬仗的良好作风。”项目总包方项目经理朱建平说。

铁军旗帜高高飘扬在大漠深处。

塔中西部且末县 10 万千瓦光伏发电项目一角

沙漠里的沙是凉的，铁军人的血是热的

塔克拉玛干，维吾尔语的意思是“走得进、出不来”。41 年前，我国科研工

作者彭加木就是在这片沙漠里失去了踪迹。

沙漠东西长约 1000 千米，南北宽约 400 千米，面积达 33 万平方千米。年均降水量不超过 100 毫米，最低只有四五毫米；而年均蒸发量却高达 2500 ~ 3400 毫米。

这里，金字塔形的沙丘屹立于平原以上 300 米。狂风能将沙墙吹起，高度可达其 3 倍。沙漠里沙丘绵延，受风的影响，沙丘时常移动。

且末项目部就位于塔克拉玛干沙漠腹地两列连绵不绝的沙丘山脉之间相对平缓的地带，占地约 3960 亩。

两山相夹，风沙吹来，让人藏无可藏。

这样的生活环境，项目部的干部员工却坚守了 258 天，建成了在塔克拉玛干沙漠腹地最大容量的光伏生态新能源电站。

2023 年 5 月 31 日，且末 10 万千瓦光伏发电项目并网发电一次成功。建设期间种植草方格 140 万平方米，板上发电，板下草方格治沙改土，减缓沙丘流动，实现治理沙漠达 2103 亩。

“整个项目的施工安全、质量、进度达到了预期目标，特别是项目施工过程中安全管控到位，未出现任何人身伤害或者安全事故。”山东电建一公司的艰辛付出得到了总包方安全质量负责人的高度评价。

这是一个像石榴粒一样紧紧抱在一起的团队，没有过多的话，也说不出什么豪言壮语，他们都是电力建设一线最普通的员工。但在他们对工作的态度中，在他们朴素的语言中，却隐藏了一颗颗滚烫的心。

沙漠里的沙是凉的，铁军人的血却是热的。

在大漠，唯一成林的植物是胡杨树，它根系发达，耐旱耐碱，能活 1000 年，死后 1000 年不倒，倒后 1000 年不腐。为此，很多进疆旅人都会怀着膜拜的心情去参观胡杨林。

2022 年，一群中国电建人走进新疆，在塔克拉玛干沙漠深处迎风冒疫，砥砺奋斗，站成一排克难奋进的剪影，与新疆的胡杨林隔空相望了 258 天，建起一座新能源绿色“特区”，用青春和热血书写了一段新时代传奇瑰丽的电建篇章。

（内容来源：中国电建网；作者：杨开）

追风逐光铁军人

在人迹罕至的库布齐沙漠里，一台台风机不分昼夜地旋转着；在延绵起伏的高峰村宛中，一个个光伏方阵散发着耀眼的光芒……北达塞北，南至黔南，伴随着清洁能源输送通道闪烁的光晕，源源不断的“绿电”正点亮万家灯火。

10 多年里，山东电建一公司新能源公司这支铁军劲旅，追风逐光不停歇，跨越山海谋发展，先后建成风电场、光伏电站 180 余座，累计装机容量超过 12 吉瓦，新签合同总额从 5 亿元、10 亿元、20 亿元、50 亿元再到 70 亿元，一年一大步，年年上台阶，已成为引领公司战略转型的“先遣军”，新能源业务发展的“排头兵”。

从零起步　乘风而起

黄海之滨、山东半岛东端的威海，风景如画。早在 2010 年，素有“电建铁军”美誉的山东电建一公司在此建设了华润电力威海东兴二期 49.8 兆瓦风电项目，首次与风电“结缘”。

抢抓发展机遇，转变发展方式，推进持续发展。2010 年 6 月，公司党委审时度势，果断决策，抽调精干成立风电事业部，组建专业化队伍，大举挺进风电新能源发电市场。

2011 年 2 月，公司在风电事业部的基础上成立风电工程公司，作为经营实体，面向市场独立运营，从此大跨步迈入风电建设领域。

在市场经济条件下，每个行业都充斥着竞争。电建铁军在火电领域有着较高的认知度和美誉度，但要介入风电领域，应该算是一支新军。此前，公司虽然有过风电施工的短暂经历，但那已是 5 年前的事情了。

谈及创业之初的经历，时任风电事业部经理的李林感慨道："成立之初只有 4 个人，我们一边调动人员组建机构，一边紧锣密鼓搞开发。人员调配还好解决，关键是市场开发，风电事业部成立的第二天，我们就出差投标了。"

既然选择了风电工程，拿到项目才是硬道理。为争取业主的认可和支持，在谈判中要展现在火电项目方面的良好合作，展现优秀的履约能力，以真诚打动业主，叩开市场之门。2010 年 7 月，公司在多方角逐中脱颖而出，拿下了大唐驿道风电二期 EPC 工程。谈起收到中标通知书，李林说："感觉很兴奋，也很激动，万里长征迈出了第一步，要用好的工程回馈业主的信赖。"

良好的开端是成功的一半，有了这次经历，他们更有信心了，在接下来的平阴风电、威海风电、蓬莱风电等项目的投标中，他们一路过关斩将，将项目一一收入囊中。

风电工程公司成立短短几年间，先后承揽了 37 个风电项目，足迹遍布新疆、内蒙古、四川、山西、陕西等 8 个省份，风电场建设规模达 2483 兆瓦，累计中标合同额 23.4 亿元，合同存量 5 亿元，实现了从无到有、快速起家，电建铁军从此与风结下了"不解之缘"。

一分耕耘，一分收获。2012 年，公司承建的宁夏石板泉风电场 99 兆瓦工程荣获"国家优质工程奖""中国电力优质工程奖"。同年，公司承建的大唐平阴一期风电项目荣获"中国电力优质工程奖""中国安装工程优质奖"。

与风共舞　向光而生

顺势勇为天地宽。

2014 年 9 月，山东电建一公司党委顺应新能源发展趋势，将风电工程公司更名为山东电建新能源公司，在巩固风电业务的同时向光伏领域拓展，这标志着山东电建一公司新能源业务掀开了崭新的一页。

“打开市场，拿到项目，只是万里长征第一步。如何通过精细的管控、优质的履约，赢得口碑，赢得市场，取得良好的经济效益，才是真正的硬骨头。”新能源公司副总经理郑风军回忆道。

从成立伊始，新能源公司就积极探索集约高效的组织模式，总部为项目提供技术和商务支持，项目部负责现场的生产组织，对安全、质量、技术、进度等进行统筹协调，建筑、机械、电气三大专业按照工期适时进驻，各专业密切协作，实现了资源利用最大化。

一路征程一路歌，风光旖旎绿电来。

2014—2017 年，公司先后建成大唐招远、华电赤峰、华能定边等 29 个风电工程。以风电业务为支撑，逐步拓展光伏领域，先后承接华能莱芜、中节能新泰、济南扶贫光伏、微山水上光伏、华能孚瑞特屋顶光伏等 23 个光伏项目，累计装机容量 647 兆瓦，形成了“风电 + 光伏”的双轮驱动发展新态势。

2014 年，公司承建的大唐招远金岭一期风电项目获“中国电力优质工程奖”。同年建成当时我国单机容量最大的风电机组——鲁能康保风电场 5 兆瓦机组，在风电建设领域结下了一批批硕果，成功打响了“电建铁军”风电品牌。

2015 年，公司陆续建成了安徽亳州 60 兆瓦农光互补项目、章丘屋面光伏发电项目等各种形式的光伏发电项目。

2016 年，公司把握精准扶贫政策，独揽济南市光伏扶贫一期、二期、三期项目，累计建设容量 43 兆瓦，建成 714 座村级光伏扶贫电站，惠及 7600 多位建档立卡贫困户，彰显了央企的责任与担当。

2017 年，公司承建了晶科欢城、中晟微山、华能欢城、国阳欢城等光伏领跑技术基地项目，参建全球最大水面漂浮光伏电站——三峡淮南 150 兆瓦光伏电站。

海上风电场

2018 年，公司承建的大唐渑池 130 兆瓦风电项目获评大唐集团 2018 年度唯一“风电”精品工程。2019 年，公司承建的轮毂高度 162 米的亚洲陆地最高风电机组——凯润（昌黎）滦河口二期 100 兆瓦风电 EPC 工程全容量并网发电。

2021 年，公司承建的华能德州丁庄风电项目获“中国电建优质工程奖”。

2022 年，公司承建的大唐滑县枣村风电场工程荣获“2022 年度中国电力优质工程奖”。

华能德州丁庄风光储一体化发电项目

2023 年，公司承建的华能丁庄风电、华能通榆风电、华能海阳陆上运维中心三个项目荣获“中国电力优质工程奖”，华能丁庄风电、华能通榆风电荣获“中国安装工程优质奖”，华能山东半岛南四号海上风电项目荣获“国家优质工程奖”。

新能源公司已累计获得省部级、集团公司级及市级以上工法 30 项，省部级、集团公司级及市级以上科技进步奖与创新奖 21 项，发明与实用新型专利授权 44 项。

追风逐光　走在前列

胸怀“国之大者”，践行初心使命。作为能源电力领域的“国家队”，新能源公司逐步能够为客户提供策划咨询、投融资、建设运维的全产业链服务，在“五大四小”以及民企客户中赢得了良好口碑，知名度和美誉度越来越高。“十四五”以来，随着公司战略提级增速，新能源公司带领其他兄弟单位组团出征、集群发展，SEPCO1新能源品牌影响力持续提升。

管理是企业的灵魂。抓管理就是抓发展，在“破”与“立”中育先机、开新局。新能源公司积极探索实施集约化管控模式，本部下设5个管理部室，对市场、经营、财务、采购等进行集中管控，提升了资源配置效率，实现了规模效益最大化。积极拓展延伸产业链，由传统的施工总承包向EPC、投融资+EPC等新模式转变，EPC全产业链能力不断增强，加快推动“投建营”一体化发展。深化品牌建设和文化创新，创新形成“党建‘红核’引领风光‘绿能’”党建品牌和“清风护绿”廉洁品牌，以高质量党建引领保障企业高质量发展。

市场是企业生存发展的生命线。面对竞争激烈的市场格局，新能源公司总经理石惠刚多次强调：“我们要深入实践‘投融资+EPC’模式，构建‘全员抢市场、全员抓订单’的营销格局，发挥公司品牌效应，获取大型风光基地项目，发挥‘投建营’优势，推动新能源投资取得收益，加快推动高质量发展……”换挡提速推动了大发展。近年来，公司先后中标华能蒙东800兆瓦风电、华能庆阳764兆瓦风电、山西最大储能电站EPC、山东省首个海上光伏等一批标志性工程。新能源投资快速推进，申报的山西阳泉72.8兆瓦分散式风电项目取得山西省2023年分布式可再生能源项目指标，加快培育新的业绩增长点。

项目履约就是核心竞争力。新能源公司贯彻“均衡绿色施工”理念，坚持“现场即市场”，探索大型项目管控模式，统筹“人、机、料、法、环”等要素，建立重点项目履约督导机制，统筹推进安全、质量、进度、成本等目标的实现，着力打造“抢开工组织、抓关键节点、保工期计划”的履约核心竞争力，发展质量和效益显著提升。华能陇东基地庆阳首批1000兆瓦风光项目、巴彦淖尔400兆瓦风电EPC、华能蒙东500兆瓦风电等一批重点基地工程高质量投产，成为标杆示范工程，获得业主肯定和赞誉，再次擦亮铁军品牌。

新疆奇台县 100 兆瓦风力发电项目首台风机吊装现场

功以才成，业由才广。新能源公司坚持人才资源是企业“第一资源”的理念，深入贯彻落实人才强企战略，进一步提高全员劳动生产率，通过招聘引进、业务培训、轮岗交流等方式，发挥激励作用，突出价值创造，激励员工取证，提升队伍整体素质和活力，打造一支懂技术、善经营、会管理的项目经理队伍。公司现有各类管理技术人员 240 余人，专家及骨干人才 70 余人，中级以上职称 80 余人，一级建造师 40 余人，队伍平均年龄为 32 岁，本科及以上学历占比 70% 以上，能够同时承担多座大型风电场、光伏电站、储能电站的建设管理。高素质人才所展现的工匠精神，迸发出强大的力量，推动着新能源公司这艘巨轮滚滚向前。

栉风沐雨初心如磐，踵事增华踔厉奋发。作为能源建设的“国家队”、追风逐光的“践行者”，新能源公司将深入贯彻落实公司集团化发展战略，立足“两个中心”定位，提升“四自”发展水平，强管理、稳增长、提质效、控风险，追风逐光走在前、作表率，积极服务公司战略转型和高质量发展，以一域之光为全局添彩，用实干实绩奋力谱写中国式现代化铁军事业新篇章。

（内容来源：中国电建网；作者：田多）

我们是冠军

2022 年 11 月 4 日，泉城济南，秀源河畔，星光闪耀。

山东省“技能兴鲁”特种设备无损检测职业技能大赛在章丘工业园盛大举行，山东电建一公司选派的三名选手在此次竞赛中，一路过关斩将，勇夺大赛冠亚军，以团体第一名的好成绩登上最高领奖台，接受人们的礼赞。

争一流、争第一、争唯一，是电建铁军最鲜亮的底色，更是铁军文化最核心的内核。

70 余年来，山东电建一公司安装了全国第一台 50 兆瓦、100 兆瓦、300 兆瓦、600 兆瓦、1000 兆瓦机组，创造了 100~1000 兆瓦各类型机组安装全国同期最高纪录。公司在全国电力行业率先走出国门，在 18 个国家和地区承揽了 80 多个项目。承建工程荣获国家优质工程金奖、鲁班奖 13 项，荣获国优、省（部）优工程奖 100 余项，荣获国务院嘉奖令、全国先进集体、五一劳动奖状、全国文明单位、全国安全生产先进集体、全国最佳施工企业、全国用户满意企业、中国工业企业履行社会责任五星级企业等省部级以上称号 280 余项。

在荣誉和繁华背后，有着这样一支优秀的冠军团队，他们逢先必争、逢旗必扛、逢杯必夺，在一次次国内国际技能比武赛场上，奋勇争先，屡屡夺魁，为企业争得了荣誉。

大唐东营 2×100 万千瓦新建工程

时光的胶片，记录着属于这支冠军团队的高光时刻。

1993 年，山东电力系统焊工技术比武，公司选手毛春生夺得基建组第一名。

1994 年，山东电力系统焊工技术比武，公司选手吴茂成夺得基建组第一名。

1999 年，山东电力系统焊工技术比武，公司选手毛春生夺得基建组第一名。

1999 年，“禾甸杯”全国电力系统第九届（国电首届）焊工技术比赛，公司选手毛春生获得第二名。

2001 年，第五届全国工程建设系统焊工技术比赛，公司选手毛春生、刘树生分获第一名、第二名。

2011 年，第十届全国工程建设系统职业技能竞赛，公司选手获得焊工团体第二名。

2012 年，中国电建集团公司热控电缆接线技能竞赛，公司选派的两组选手一举包揽大赛前两名，郑学娟、马克娟组合获得大赛第一名，王亚平、张永静组合获得大赛第二名。

2013 年，山东省特种设备行业焊工职业技能竞赛，公司选手获安装组团体第三名。

2014 年，第三届北京“嘉克杯”国际焊接技能大赛，公司选手高登山代表中国电建参赛，获个人总成绩第六名。

2014 年，第十二届全国工程建设系统职业技能竞赛，公司选手获焊工团体总分第二名。

2015 年，济南市第四届职业技能大赛（济南市“英才杯”职业技能大赛），公司选手付民亮获得第一名，荣获济南市五一劳动奖章。

2015 年，“鲁西杯”山东省电焊工职业技能竞赛，公司选手获团体第一名，电建铁军再次“闪亮”齐鲁大地。

2016 年，济南市职业技能大赛，公司选手杨依顺获得个人第一名，在泉城济南再次捧起冠军奖杯。

2017 年，全国建筑业财税知识竞赛总决赛在北京举行。公司选手徐晓明、张凤娟、张宁、梁安华组成的“电建铁军”代表队，以全国第三名的优异成绩喜获团队金奖。其中，梁安华个人成绩位列集团公司所有参赛人员第一名。

2017 年，“山东 · 巴伐利亚”产业工人焊接技能大赛在德国慕尼黑成功举办，公司焊工柴茂海代表山东省总工会参赛，一举获得熔化极混合气体保护焊组个人第一名，扬威德国，被大赛组委会授予“金奖”。

2018 年，“中联重科杯”第五届全国吊装职业技能竞赛在湖南长沙隆重举行，作为我国工程建设吊装行业技能水平最高、社会影响最广的技能大赛，吸引了来自全国各行业 23 支队伍、92 名选手参赛。公司选手勇夺团体冠军，起重指挥苏东震被授予“全国技术能手”荣誉称号。

2019 年，中国电力建设企业协会第六届吊装技能竞赛在抚顺圆满落下帷幕，公司选手以领先第二名 21.74 分的绝对优势，强势登顶，勇夺大赛团体冠军。

2023 年，全国电力电缆安装运维职业技能竞赛在广州举行，公司代表中国电建集团参赛，公司选手黄镇、蔡均山分获金牌技工、银牌技工称号。

……

“电建铁军”代表队荣获全国建筑业财税知识竞赛团体金奖

人才资源是企业的第一资源

一直以来，山东电建一公司始终把尊重人才、珍惜人才、爱护人才作为强企战略的重要一环，营造出“想争先”“能争先”“促争先”的文化氛围。

从一名电焊工到焊接实训教练，对于检修运维公司“明星老师”毛春生来说，是一场技能竞赛改变了他的人生轨迹。2001 年，毛春生代表公司参加第五届全国工程建设系统焊工技术比赛，在这场不限学历、不限身份、不限从业经历的竞赛活动中，他一路过关斩将，一举拿下全国焊接决赛冠军，获得全国技术能手称号。毛春生不仅得到了公司的重奖，也实现了由劳务工向基本工身份的转变。

“是公司的悉心培养和关怀，我才能有机会参加国际赛事比拼，在焊花飞舞中实现人生价值。”2017 年 12 月 18 日，在山东省总工会劳模工匠人才座谈会上，“电焊工匠”柴茂海受邀讲述了自己从一名普通电焊工，到获得富民兴鲁劳动奖章、成为中德技能大赛金奖得主的精彩故事。

柴茂海在“山东 · 巴伐利亚”产业工人焊接技能大赛上领奖

企业搭建平台，让更多员工出彩

党的二十大指出，要努力培养造就更多大师、战略科学家、一流科技领军人才和创新团队、青年科技人才、卓越工程师、大国工匠、高技能人才。

山东电建一公司党委对标高质量发展人才需求，制定实施“113575”人才工程，广泛开展岗位练兵、技能比赛等一系列技能竞赛活动，带动万余名职工积极参与，推动技能竞赛跑出“新赛道”。

举办图纸工程量计算和安全技能竞赛，推动职工技能竞赛由操作型、体力型、速度型向管理型、技术型、智力型转变。仅 2023 年，公司就组织开展各类竞赛 18 项次，构建起以公司级竞赛为主体，二级经营单位竞赛、项目部竞赛为支撑的竞赛体系，铺就了各类人才快速成长的“高速路”。一批批优秀人才脱颖而出，如全国技术能手苏东震、山东省技术能手迟志乾、中国电建首席专家仉健康、齐鲁工匠杜传国，等等。

近年来，公司职工获得发明专利 100 余项、科技创新成果 500 余项、职工“五小”活动优秀项目 1500 多个。在全国电力建设质量管理小组活动竞赛中，公司申报的 27 项质量控制成果全部获奖，斩获特等成果 1 项、一等成果 5 项、二等成果 19 项、三等成果 2 项，获奖等级、数量再创历史新高。

功以才成，业由才广。一大批“有智慧、懂技术，能发明、会创新”的高素质、高技能人才快速成长，推动着铁军事业在奋进新时代、新征程中破浪远航。

（内容来源：中国电建网；作者：杜万朴）

“数字铁军”正扬帆

勇于创新的电建青年

党的二十大做出加快建设网络强国、数字中国的重大部署，开启我国信息化发展新征程。推动数字技术与实体经济深度融合，赋能传统产业数字化智能化转型升级，是把握新一轮科技革命和产业变革新机遇的战略选择。

面对建筑业经济全面数字化转型的趋势，山东电建一公司牢牢掌握数字化变革历史，主动做深做实信息化顶层设计，以数智赋能推动“数字铁军”建设，为实现内涵式高质量发展提供了强大的信息化、数字化支撑。

从“面对面”到“键对键”，“数字铁军”建设蹄疾步稳

每天一早，山东电建一公司商务部门专工小李一打开电脑，就收到来自大数据预警平台发的风险信息简报。在接下来的时间里，他要按图索骥对每一条风险提示进行全面分析，找准问题原因，指导相关单位做出处理，直至事项关闭。

与此同时，远在千里之外的阿拉木图项目部，现场工作人员正在通过企业微信平台下载从济南总部传来的展板图片，他们要按照总部设计的样稿组织当地广告公司制作打印，为迎接上级单位的现场调研做好准备工作。

山东电建一公司由信息推动工作，由数据驱动前进，已经成为工作的常态。公司综合办公系统集成了每个员工日常办公的所有要素，可实现对各应用系统的统一认证和单点登录，业务管控、协同办公、工程管理、业财融合、风险预警等栏目与各应用系统深度融合对接，通过自动弹出对话框，提示当天的待办工作，并提醒领导交办且限时完成的重要事项。从总部机关部门到二级单位本部，再到基层项目部，数据共享、流程贯通、信息互联、高效协同正让业务处理从“面对面”到“键对键”。

山东电建一公司信息管理部主任陆诗勤介绍，近年来，公司以推进数字化转型为目标，坚持顶层设计方向不变、信息技术路线不偏、推广应用力度不减，按照“一切业务数据化、一切数据业务化”工作思路，创新“数据 + 平台 + 生态”建设。建设形成一体化办公体系，不断优化 PRP、ERP 工程数字化平台建设，推动信息共享、业务协同、资源整合、业务管控，实现信息化与项目管理深度融合，全方位建成业财一体信息管理系统，打通“量入为出”的项目管理通道。

2020 年初，济宁鲁亿建筑安装工程公司在多家竞标单位中脱颖而出，成功获得长安益阳发电有限公司 2 × 100 万千瓦扩能升级改造项目主体工程施工 A 标

段的中标资格，整个项目中标过程是通过“产业链协同 APP”软件实现的。

该软件是根据工程分包需求自主开发的，具有完全自主知识产权，已由最初的分包招标模块升至 3.0 版的“产业链协同 APP”，实现了业务管控一体化、企业微信、微信公众服务号等多个平台间业务流程的无缝集成，数出同源，通过标准化接口程序实现数据融通。

山东电建一公司招标中心主任张峰认为，运用信息化手段将工程分包招标与成本计划、分包策划、分包合同订立进行关联，实现工程分包成本与项目成本规划相匹配，避免工程分包成本失控，降低项目经营风险。更主要的是这个软件在手机上就能操作，实现了移动式办公，方便了客户投标，只要是合格分包商就能参与投标，推动公司在更大范围内整合资源，增强了工程分包的透明度，有效降低了工程成本。

从“纸上图”到“屏上景”，“智慧建造”激发澎湃动能

数字化和智能化正成为建筑业转型升级的核心引擎，驱动建筑产业的变革与创新发展，数字化与传统产业的融合正催生新的建筑形态。

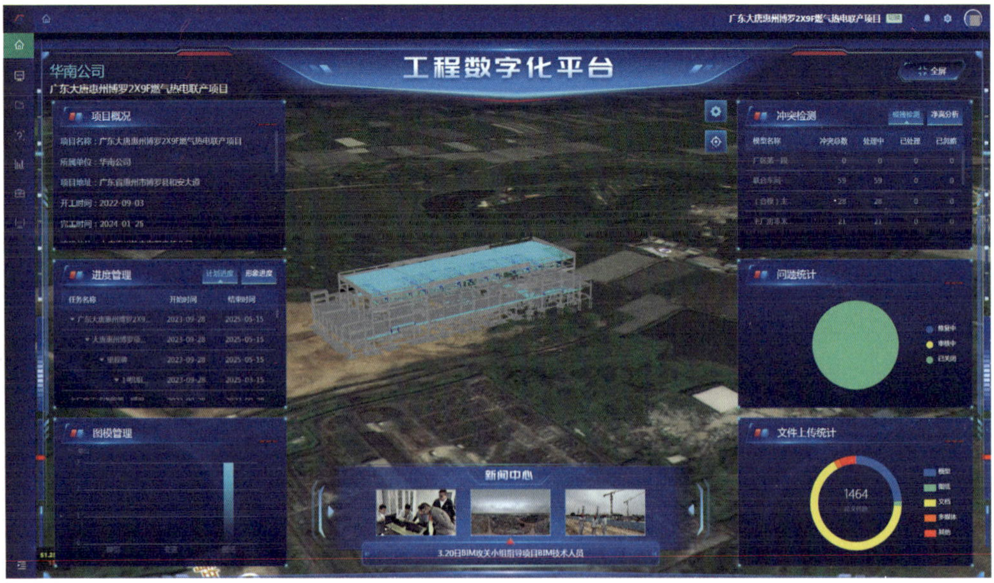

工程数字化平台项目首页

阳春三月，山东半岛海阳核电二期项目部会议室，工作人员正在通过三维模型对即将展开的管道安装进行模拟演练。这路管道生根点在哪里、具体标高是多少、管道需要在什么地方转向、需要准备多少辅助材料等，整个二期工程常规岛管道安装图活灵活现地展现在会议室的屏幕上。

项目经理郝长山高兴地说，BIM 技术串联起整个项目管道安装，把施工方案由“纸上图”变为“屏上景”，发挥了“穿针引线”的作用，让现场施工组织更精准更精细，大大提高了工作效率。

近年来，山东电建一公司牢牢把握建筑行业转型发展趋势，抢抓以数字化为特征的能源变革和经济发展新机遇，前瞻布局企业信息化和数字化建设，着力打造“智慧 +”服务品牌，不断培育塑造新型能力，提升企业核心竞争力。

2020 年 10 月 29 日，公司召开“十四五”数字化转型暨信息化管理对标座谈会，对 BIM 技术应用做出安排部署，成立 1 个 BIM 中心、N 个 BIM 工作室的企业级 BIM 数字化技术管理机构。2021 年 5 月 17 日，公司组织 31 名专业技术人员开展了为期 26 天的 BIM 技术应用培训，加速推进 BIM 技术应用能力建设。8 月 18 日，公司党委书记张洪梅在青岛高端封测项目会上听取 BIM 技术应用成果汇报，指出“十四五”期间要把“数字化”发展叫响，推动公司数字化转型提升到一个新高度。

78 台风机，400 兆瓦装机容量，输电线路绵延数百千米，内蒙古高原巴彦淖尔风电场，4 名 BIM 技术攻关小组成员响应项目需求，穿过大漠戈壁、翻越大山峻岭，开展项目调研、图纸收集、成果制作和现场交底。他们制作的“风机基础模型”“变电站结构模型”“风机吊装动画”等一个个 BIM 技术应用成果，为项目高质量快速推进提供了坚实保证。

地上是商场、地下跑地铁，万融广场项目作为“站城一体”商业综合体，是济南市西部建设的标志性工程。公司 BIM 技术攻关小组利用物联网、大数据、云计算等先进信息技术，整合设计、施工等各环节的信息资源，提前预判生产过程的堵点和卡点，有效推动项目部生产要素的优化配置。建成的智慧工地管理系统能够实时获取项目建设信息，助推项目提高施工现场安全文明管理水平。

建立“劳务实名制”、上线“数智强廉”和“大数据预警”等，山东电建一公司聚焦数据价值、数据可视、数据安全及应用侧拓展，持续打造数据感知、多维度分析、多级预警等应用场景，加速构建数字化运营新生态，为公司高质量发展增添新动能。一个集成信息化、数字化、智能化和现代化的全新的电建铁军，正向我们悄悄地走来。

从“新理念”到“新赛道”，“数字楼宇”迎来新蓝海

在百米高空楼顶之上，成片的光伏板源源不断地利用太阳能为大楼提供绿色电力，旁边的空气源热泵正不停地吸收空气中的热量用于大楼供暖……2024 年 1 月 31 日，全国首座高空光伏智慧能源站在位于济南高新区的山东电建一公司总部办公楼楼顶建成启用。

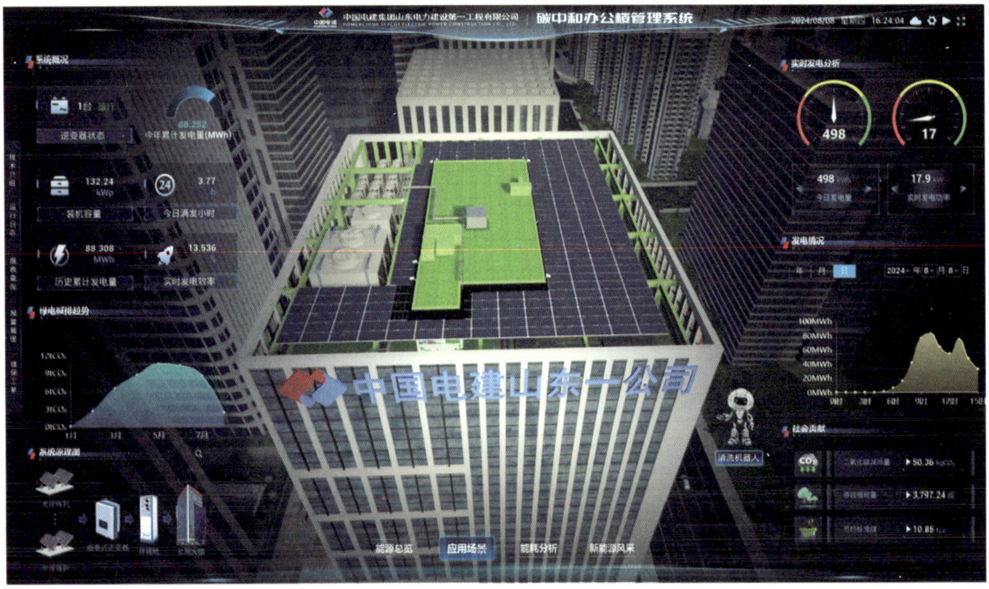

山东电建一公司总部办公楼绿色低碳智慧节能项目——全国首个“碳中和”办公大楼

高空光伏智慧能源站项目主要借助高层建筑的楼顶空间资源，利用智慧能源系统、分布式光伏发电设施和空气源热泵机组等，实现楼宇能源的综合高效利用，达到节能降碳的目的。其中，分布式光伏采用先进的单晶硅 N 型组件，额定容量为 100 千瓦（交流侧），分块发电、集中并网，就地消纳、自发自用。年均发电 13 万余度，全寿命周期总发电量超过 325 万度。空气源热泵部分由 19 台空气源热泵机组组成，主要利用空气中的热量进行供暖，与市政热源采暖相比，能够有

效降低办公楼采暖费用。多个节能设备系统的数据以及楼内环境数据统一汇集到智慧能源系统，依据提前设定的运算规则建立大厦碳排放计算模型和因子库，最终实现对整座楼的能源自动控制和监测。

山东电建一公司总经理刘永阳表示，该项目基于“1+N”工艺，专为打造高层商务楼宇综合智慧能源站而设计，其中“1”是指智慧能源系统，“N”则包含楼顶光伏发电、空气源热泵供暖、高空风力发电等多个应用场景。由于主要设备集中布置在楼顶，需要充分考虑大楼结构承重、高空风荷载、设备吊装等制约因素。在建设过程中，项目团队面对困难，主动寻找解决方案，形成了一套具有自主知识产权、可复制推广的高层商务楼宇综合智慧能源解决方案。该项目已获得 3 项专利和建筑材料工业技术情报研究所认证评价中心颁发的“碳中和”证书，每年可减少二氧化碳排放 500 余吨。

高空光伏智慧能源站项目是公司践行绿色低碳理念、发挥全产业链综合优势、加快推进数字化转型的重要实践。按每座楼顶平均投资 800 万元计算，这个新能源项目能给济南带来几十亿元的投资拉动。放眼全国市场，有望形成千亿级的新赛道。

为“瓦特”插上“比特”翅膀，凭借在信息化、数字化建设上的优势和经验，山东电建一公司已积蓄起电建行业从“弯道超车”到“换道超车”的强劲动能。

放眼未来，在“做深价值、做强生态、做好支撑”的数字化顶层设计理念引领下，公司将加快构建数据驱动的企业“数字大脑”，以高效协同服务引领企业高水平管理，以万物互联视野推动企业数字化转型，信心百倍地直面新任务、迎接新挑战、催生新产业新业态新模式，向着开创“数字铁军”的新天地阔步扬帆。

（内容来源：中国电建网；作者：刘学良、王志勇）

改革创新添活力

2023年岁末，泉城济南，山东电建一公司总部传来捷报，公司营业收入、净利润、新签合同等主要经济指标又创历史新高，连续三年保持两位数以上的快速增长，在中国电建集团党建责任考核中连续三年获评“优秀”等次，公司高质量发展再结硕果。

国内首台可移动式1000吨级管桁结构桅杆式起重机

连续三年保持两位数增长，相当于再造一个山东电建一公司，而企业高质量发展的密码是什么呢？

“国企改革三年行动以来，公司主动对标一流企业，坚持目标和问题导向，推进自我革命，抓改革、强机制、促转型，推动重点领域、关键环节攻坚突破，更好地发挥改革‘关键一招’作用，为公司经济高质量发展提供强大动力。”公司党委书记、董事长张洪梅一席话为我们解开了成功之道。

山东电建一公司中高级管理人员走进嘉兴南湖开展现场教学

向高而行，“刀刃向内”抓改革

2021 年 5 月，公司新一届领导班子走马上任。

在任前谈话会上，集团公司领导明确指出，山东电建一公司发展比较稳健，希望新一届领导班子扛好“铁军”大旗，争创行业标杆。

“稳健”两个字，从字面理解是稳定、健康，不给上级添乱，是肯定；从另一个层面理解则是步子迈得小了、发展慢了，是鞭策。

山东电建一公司作为一家老牌的电建企业，一直是我国电力行业标杆，被同行业称赞为“电建铁军”。

上级领导对公司的讲话，深深刺痛着新一届领导班子。

形势逼人，不进则退，进慢了也是退。团队必须要有“等不起”的紧迫感、“慢不得”的危机感、“坐不住”的责任感，以更快步伐、更强干劲、更实措施、更高标准做好改革发展各项工作。

2021 年 8 月 13 日，在公司年中工作会议上，公司党委书记张洪梅向全体干部职工发出“一个致力、两个加快、三个争先”的响亮号召。

致力高质量发展，就是要提高经营效率，做优运营质量，优化产品服务，提升价值创造，实现公司高效率、高质量、高效益发展。加快业务结构调整，就是要依托“大基建”，聚焦“投建营”，打造“3+N”业务新布局；加快提升子分公司发展，推动二级单位全力担当经营、履约、创新、人才培养、产业发展任务。要自抬标杆，敢于“跳起来摘桃子”，始终保持敢为人先的勇气和激情，想争先、能争先、促争先。

清新的空气扑面而来，一系列改革举措接踵而至。

火车跑得快，全靠车头带。总部强则企业强，公司党委进一步明确总部是“战略决策中心”的职能定位，面向市场、面向价值创造，调整总部机构设置，优化整合职能管理，推动富余人员充实到二级单位和项目部，实现总部机关“瘦身强体”。发挥总部“高效引领、价值创造、资源赋能、数字管控、监督纠偏、防控风险”作用，在总部机关开展亮身份、亮职责、亮承诺“三亮”行动，引导党员干部走在前、做表率。推行职能部室工作月报制，把基层赋能作为管理考核的重点，推动总部主动对二级经营单位赋能、服务和帮扶，将职能管理延伸落实到项目履约全过程。一时间，职能部室主动下基层、进一线蔚然成风，各种送管理到一线、送技术到一线、送服务到一线等服务持续不断。公司适时成立专项工作组，对项目部的安全、质量、经营等方面进行专项指导督导，赋能项目安全优质高效履约。

没有二级单位的实体化，就没有真正的集团化。公司党委坚持集团化发展道路不动摇，把二级单位定位为企业利润中心，推动二级单位“自主营销、自强专业、自控履约、自营法人”，提升“四自”发展能力。调整西北公司、华南公司、北方公司等平台单位职能，发挥其前端营销、贴近市场、服务客户优势，推动其向实体公司化转型。成立国内总承包事业部，提升国内 EPC 类业务管理能力，增强国内大项目获取能力。调整海外事业部职能，统筹推进国际市场开发、项目履约及风险管控。整合散、小、弱，推动资源整合集聚，撤销检测公司，将检测职能划转国内总承包事业部；合并物贸科技与调试运行公司，组建能源科技服务公司；将海阳设备公司、河北装备公司分别划转至青岛公司、河北分公司管理，推动设备技术公司轻上阵；等等。公司一下形成 20 个法人性质的经营实体，各单位争先恐后抢市场、拿订单、保发展。2023 年，二级单位市场开发贡献率超过 60%，公司集团化发展的路子越走越宽阔。

项目部是公司运营管理的主要单元，是公司效益的源泉，是展示公司实力的窗口。公司调整项目管控方式，将项目统一划转到二级单位管理，推动二级单位真正成为集市场开发、项目履约、资源配置、成本管控、人才培养于一体的运营平台。二级单位采取“一体化”“高度介入式”管理，统筹资源，协同发力，推动项目履约。项目部强化责任担当，加强工期、质量、安全、成本、环保等要素管控，创新形成“抓两头、带中间”管理方法，打造形成“抢开工组织，抓关键节点，保合同工期”核心竞争力，推动项目高效履约。近年来，公司每年完成履约项目 200 余个，收到业主方表扬信 200 余封。

2023 年 12 月 24 日，国家优质工程奖总结表彰大会在北京会议中心召开，在这场我国工程建设领域设立最早、规格最高的国家级质量奖表彰大会上，山东电建一公司一举摘得两项国家优质工程金奖、两项国家优质工程奖，为“电建铁军”这块金字招牌再添新砝码。

山东电建一公司召开第二次党员代表大会

创新机制，激活“一池春水”

扭住改革“牛鼻子”，在山东电建一公司，改革不单单是机构的精简整合，更是机制的创新和管理的提升。

近几年，山东电建一公司干部职工感受最深切的一个字就是“忙”。的确，人员没有大的增加，营业收入、利润总额、合同存量等主要经济指标却翻了一番，这个“忙”字可见一斑。

只有机制活起来，企业才能活起来。山东电建一公司党委认为作为充分性竞争行业，创新驱动是公司高质量发展的“第一动力”，必须用创新来改变企业成长的基因。2022 年，公司主动申请入围国务院国资委国企改革“科改示范企业”，以改革创新在更深层破解高质量发展的体制机制障碍。

坚持创新驱动。组织召开创新大会，以理念创新为先导，统筹推进科技、模式、管理、文化“四个创新”，立项实施创新课题 39 个、科技创新项目 239 个，用好科技创新和市场化两个机制，提高创新发展能力和价值创造能力，打造新质生产力，培育企业发展新优势。

坚持以奋斗者为本。建立内部“赛马”制，把二级单位市场开发、营业收入、利润完成、项目履约、品牌维护等纳入月度经营对标，通过每月“亮晒”成绩单，年度经营责任制考核兑现，二级单位主要负责人薪酬差距达 4.6 倍，推动二级单位“知不足而后进，望远山而前行”。

实施任期制及契约化管理。与二级单位经营班子、管理部室主要负责人，41 家常设机构 242 人签订任期制责任书，明确岗位责任、目标任务和考核举措。突出业绩导向，推动契约化考核结果刚性应用，对业绩差、评价低的干部进行警示谈话、调整岗位，仅 2022 年就有 11 名中层干部退出二级单位领导岗位，彻底扭转干部终身制，为干部管理带来新气象。

推行全员竞争上岗。突出岗位价值、淡化干部身份，深化竞聘上岗机制运用，通过公开竞聘、“全体起立”等方式选聘管理人员，先后有 9 家二级单位 37 位班子成员通过竞聘方式上岗，新聘任管理人员中竞聘上岗比例达 90% 以上。在丰汇设备技术公司改革中推行定岗、定编，推动全员竞争上岗，压降各类人员 60 余人。在新兴业务领域采用竞聘方式引进外部职业经理人担任主要负责人，发挥外部人员“鲶鱼效应”，进一步激发干部队伍干事创业激情。

实施人才强企战略。明确“113575”人才工程建设目标，搭建网格化多路径员工职业发展通道，设置行政、项目、职能、技术、技能、辅助服务六大岗位序列，每一岗位序列对应一种职业生涯路径，实现纵向能力等级晋升、横向通道转换向核心岗位的水平流动，打破人才成长千军万马挤“独木桥”的情况。公司有 666 人由行政、管理序列转聘至项目经理序列，壮大了项目经理团队。

规范冗员退出渠道。开展长期不在岗员工规范治理，依法依规促进不在岗人员重新上岗或与企业解除劳动关系。采取终止劳动合同、辞退等方式，解除劳动合同关系 17 人，让 35 名长期不在岗人员重新走上工作岗位，减轻了企业包袱。

用足改革“关键一招”，用好创新“第一动力”，一系列改革措施的落地实施，激活了企业高质量发展的一池春水，干部员工干事创新激情空前高涨。公司在建百万机组工程 13 台套、燃机工程 12 台套，在建项目数量和规模再创历史新高。

2023 年，在国务院国资委“科改示范企业”专项考核中，山东电建一公司以第 46 名的好成绩获评“标杆企业”，位列中国电建集团综合改革考评第一名。

党建领航　全力保障促落实

“一个行动胜过一打纲领。”改革的方向定了、路线明了，关键还是要落实到位。

在改革进程中，免不了噪声、杂音入耳，避不开不理解、不配合掣肘。对此，公司党委发挥“定海神针”作用，坚持“三个到位”，即领导到位，成立由公司领导牵头的领导小组，所有组织机构、改革举措均经党委统一决策部署；组织到位，注重发挥各级党组织的政治功能和组织功能，确保改革工作有序实施；宣传到位，引领二级单位建立健全过程中的舆论导向。

山东电建一公司党员干部走进山东博物馆现场观摩

2022 年 10 月 25 日，党的二十大刚刚闭幕，公司党委班子、各单位党政主要负责人、党员代表走进山东博物馆，集体观摩学习新时代山东省省直机关党的建设成果展，释放坚定的“走在前、做表率”强烈信号。

2023 年 4 月 28 日，主题教育读书班开班之际，公司党委班子、外部董事、二级单位主要负责人走进华为开展标杆学习，沉浸式观摩“大潮起珠江——广东改革开放 40 周年展览”，在“敢为人先、勇立潮头”“增创优势、砥砺前行”“走在前列、当好窗口”三个篇章中，深刻感悟改革创新力量，坚定做强做优做大的信心和决心。

公司党委调整形成“522”新发展规划，制定党建领航、服务创优、四自创先、履约创效的“一领三创”实施方案，组织开展经营管理提升三年行动，对标一流企业建设标准，更加注重经营成果的“含金量”，更加注重提升企业价值创造力。

在推动二级单位做实改革进程中，公司党委坚持管理与服务“两手抓”，特别是在二级单位领导人员的身份转变过程中，坚持做到“扶上马，送一程”，为其提供充足服务和有力保障。

建立二级经营单位管理成熟度分析模型，基于管理成熟度开展授权放权，发布《总部对二级经营单位管控事项清单》。对公司现行规章制度及流程进行全面梳理，以管理手册为载体推进制度流程标准化建设，形成 20 个管理分册，实现“一册在手，就能知道做什么、如何做、怎样才算做好”。在人力资源配置上，通过公开竞聘等方式，选优配强二级单位领导班子及下属部门负责人，将最优秀的人才选配到最匹配的岗位上。同时，由二级单位自主对所辖区域内人员进行灵活调配，发挥人力资源最大效能。成立生产运营中心，依托工程数字化平台，及时掌控项目履约进展，发挥总部机关职能兜底作用。

公司政策保障加上职能部门服务支持，增强了二级单位抓市场、强经营、保履约的信心和决心。以西北公司为例，其大大小小的项目就有 40 多个，业务范围覆盖到火电、光伏、风电等多个领域。

近年来，山东电建一公司“3+N”业务布局更加优化，集团化高质量发展的成色更足、底色更厚。

走过千山万水，仍须跋山涉水。

山东电建一公司党委书记张洪梅表示，改革开放是决定当代中国命运的关键一招，也是推动铁军事业不断迈向新高度的关键一招。新征程上，我们将以“科改行动”深化提升为抓手，坚持依靠改革创新增强发展动力，加快推进企业战略转型和高质量发展，踔厉奋发、勇毅前行，不断书写新时代新征程铁军事业新篇章。

（内容来源：中国电建网；作者：刘学良、杜万朴）

后 记

《铁军故事》一书终于与读者见面了，这是一公司企业文化建设一大成果，我们心怀忐忑与不安等待着读者检验。

文化自信是一个国家、一个民族发展中最基本、最深沉、最持久的力量。没有高度的文化自信，没有文化的繁荣兴盛，就没有中华民族伟大复兴。新中国成立70多年来，我国发展取得的成就都离不开深厚的文化根基。加强铁军优秀传统文化的挖掘和解读，把企业发展历史长河中涌现的典型人物、重大事件、精彩瞬间以文化故事形式呈现，把富有永恒魅力、具有当代价值的文化精神弘扬起来，是我们组织编写本书的目的和初衷。

在故事遴选过程中，我们始终坚持价值导向、质量导向，组织有关专家反复讨论，几易其稿，最终确定。在故事编撰时，我们始终坚持对历史负责、对读者负责的态度，访谈有关人物、查阅有关史志资料，力求展现真实。本书在编撰过程中得到一公司有关职能部门的大力支持和帮助，集团公司党委工作部有关领导也对本书的出版给予了指导和帮助，在此一并表示衷心的感谢。

让历史说话、让故事说话、让文化说话，这是文化工作者的使命和责任。让读者通过阅读文化故事，感受电建铁军历史的厚重、感悟铁军文化的独特魅力，进而发扬光大铁军精神，不断把铁军事业推向新高度，我们还需要付出更多的努力。由于水平有限，书中存在问题在所难免，对于未尽事宜与错讹，敬请原谅，恳请批评指正。

刘学良

2024年9月